Chamanna d'Es-cha

Peter Fischli / David Weiss
Arno Hassler
Yves Netzhammer
Judith Albert
Ariane Epars

Capanna Basòdino

Bob Gramsma
Reto Rigassi
Roman Signer
Judith Albert
Ariane Epars
Yves Netzhammer

Wanderziel Kunst: Ein- und Aussichten

But de randonnée : vue imprenable sur l'art

In Zusammenarbeit mit
dem Schweizer Kunstverein
En collaboration avec
la Société Suisse des Beaux-Arts

Schweizer Alpen-Club SAC
Club Alpin Suisse
Club Alpino Svizzero
Club Alpin Svizzer

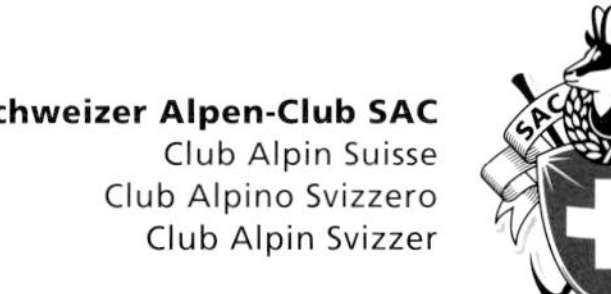

Wanderziel Kunst: Ein- und Aussichten

Kunst- und Wanderführer

But de randonnée : vue imprenable sur l'art

Guide d'art et de randonnée

Kurator / Commissaire d'exposition: Andreas Fiedler

Cabane du Mont Fort
Wildstrubelhütte
Capanna Basòdino
Etzlihütte
Chamanna d´Es-cha

Judith Albert
Ariane Epars
Geneviève Favre Petroff
Peter Fischli / David Weiss
Bob Gramsma
Arno Hassler
Lutz & Guggisberg
Yves Netzhammer
Peter Regli
Reto Rigassi
Markus Schwander
Roman Signer
George Steinmann
Studer / van den Berg

Inhaltsverzeichnis
Table des matières

Préface

Werner Schildknecht
Président de la Commission de la Culture du Club alpin suisse (CAS)

Chers amis de la montagne et des arts, vous avez en mains un guide d'art et de randonnées avec lequel le CAS arpente de nouveaux territoires. La 24e exposition d'art du CAS met en relation, pour la première fois, cinq cabanes et leur environnement avec l'art contemporain. C'est peut-être aussi la première fois qu'un catalogue d'art est en même temps un guide de randonnées. Le CAS a pris la décision courageuse de relever ce double défi.

Cette manifestation culturelle n'aurait cependant pas été concevable sans la coopération active de la Société Suisse des Beaux-Arts. Et la réalisation de l'exposition doit tout à son infatigable commissaire d'exposition Andreas Fiedler: du printemps à l'été 2009, le temps n'aurait pas suffi à tout concevoir, organiser et mettre en place si notre commissaire d'exposition ne s'était investi avec une énergie enthousiaste dans le projet. C'est lui qui a choisi les dix-sept artistes, qui leur a fait visiter les cabanes et qui a discuté les divers projets avec eux.

Au nom du CAS, je remercie tous ces artistes ainsi que le commissaire d'exposition Andreas Fiedler pour leur disponibilité à contribuer à cette exposition inhabituelle. Je remercie aussi chaleureusement Peter Studer, président de la Société Suisse des Beaux-Arts. La Commission de la Culture remercie les sections propriétaires des cabanes concernées et les gardiens de celles-ci pour leur disponibilité et pour l'effort considérable fourni dans la préparation de cette exposition. Je suis convaincu qu'elle laissera une impression durable.

Chers amis de la montagne et des arts, c'est à vous qu'il appartient maintenant de faire usage de ce guide en visitant l'une de ces cabanes, ou mieux encore toutes, au cours de l'été 2009. Vous pourrez ainsi vous pénétrer du message délivré par ces installations. Lisez les brefs textes et laissez-vous surprendre. La Commission de la Culture espère que ces œuvres donneront lieu à de nombreuses discussions et remises en question.

Vorwort

Werner Schildknecht
Präsident Kulturkommission Schweizer Alpen-Club (SAC)

Mit diesem Kunst- und Wanderführer, den Sie, lieber Berg- und Kunstfreund, in den Händen halten, beschreitet der SAC neue Wege. Erstmalig soll die 24. SAC-Kunstausstellung fünf Hütten und deren Umgebung mit zeitgenössischer Kunst in Verbindung bringen. Wahrscheinlich ist es auch erstmalig, dass ein Ausstellungskatalog gleichzeitig ein Wanderbuch ist. Der SAC hat mutig entschieden, sich diesen Herausforderungen zu stellen.

Die Ausstellung wäre allerdings ohne die Mithilfe und Begleitung durch den Schweizerischen Kunstverein nicht so zustande gekommen. Anderseits ist die Realisation auf den unermüdlichen Einsatz des Kurators, Andreas Fiedler, zurückzuführen. Ohne seinen immensen Einsatz während der Zeit vom Frühling 2008 bis zur Eröffnung der Ausstellung im Sommer 2009 hätte das Projekt nicht verwirklicht werden können. Er hat die 17 Künstler und Künstlerinnen ausgesucht, ist mit ihnen auf Hüttenbesuche gegangen und hat mit ihnen die verschiedensten Projekte diskutiert.

Im Namen des gesamten SAC danke ich allen Kunstschaffenden und dem Kurator Andreas Fiedler für ihre Bereitschaft, an dieser aussergewöhnlichen Ausstellung mitzuwirken. Im Weiteren danke ich ganz herzlich Dr. Peter Studer, Präsident des Schweizer Kunstvereins. Die Kulturkommission dankt allen beteiligten hüttenbesitzenden Sektionen und den Hüttenwarten für ihr grosses Engagement im Zusammenhang mit dieser Ausstellung. Ich bin überzeugt, dass diese Ausstellung einen nachhaltigen Eindruck hinterlassen wird. Nun liegt es an Ihnen, lieber Berg- und Kunstfreund, mit diesem Wanderbuch eine oder mehrere dieser fünf Hütten im Laufe des Sommers und Herbstes 2009 zu besuchen und sich von den Installationen «berühren» zu lassen. Lesen Sie die Kurztexte, und lassen Sie sich überraschen. Die Kulturkommission hofft, dass die Werke Anlass zum Diskutieren und Hinterfragen geben.

Préface

Peter Studer
Président de la Société Suisse des Beaux-Arts (SSBA)

La première rencontre entre le CAS et la Société Suisse des Beaux-Arts (SSBA) remonte à quatre ans. L'exposition organisée alors par les deux associations au Musée des beaux-arts de Thoune sur le thème «Hoch hinaus» fut un succès. Les artistes ne s'étaient pas contentés de créer des œuvres «charmantes»; ils ont représenté la montagne comme symbole de l'altérité, de l'étrangeté ou de la puissance.

Le concept matérialisé cette année est encore plus audacieux. Il ne s'agit pas seulement de projeter son esprit vers les hauteurs, mais bien de s'y transporter aussi matériellement.

Dix-sept artistes se sont partagé cinq cabanes des quatre régions linguistiques du massif alpin helvétique. Ils ont esquissé des idées de représentations et d'installations, sont partis en reconnaissance pour mettre leurs idées à l'épreuve du génie local, puis se sont mis à l'œuvre. Ici une tour de bois, là des banderoles flottant au vent, çà et là un mystérieux coffret, une carte postale bien particulière, à chaque endroit une réponse différente aux défis que pose la montagne. Le commissaire de l'exposition Andreas Fiedler, personne de confiance des deux associations, a conçu le projet en collaboration avec tous les artistes, puis l'a accompagné dans toutes ses phases. Il a aussi dû, avec les gardien(ne)s des cabanes, surmonter ou écarter les obstacles, administratifs autant que matériels et logistiques, se présentant sur les chemins de la réalisation.

Il n'était venu à personne l'idée de représenter de naïves images de fontaines ou de chevreuils dans l'univers écrasant de la montagne. Tous les artistes se sont efforcés d'illustrer le champ de tensions entre la nature brute et l'homme enclin à la domestiquer (la construction des cabanes en est un bon exemple). On peut maintenant voir les manières dont ce défi a été relevé, et je suis d'avis qu'il l'a été avec succès. Les installations présentées dans les cinq lieux d'exposition montrent toute la palette de l'art contemporain de notre pays. Des artistes auxquels des expositions à Londres ou Paris ont donné une renommée internationale, de jeunes aspirants aussi à la reconnaissance de vastes publics, se sont unis pour établir un réseau d'art entre des cabanes.

Chers membres féminins et masculins du CAS, j'espère que vous ferez, comme moi, peut-être avec votre famille et des amis, le pèlerinage sportif et culturel de ces cinq cabanes. La Société Suisse des Beaux-Arts se réjouit d'en recevoir l'écho.

Vorwort

Peter Studer
Präsident des Schweizer Kunstvereins

Vor vier Jahren haben sich der SAC und der Schweizer Kunstverein zum ersten Mal zusammengetan: «Hoch hinaus» hiess die von beiden getragene Ausstellung im Kunstmuseum Thun. Sie war ein voller Erfolg. Die Kunstschaffenden bildeten nicht einfach «herzige» Motive ab, sondern reflektierten den Berg als «das Andere», «das Unvertraute», «das Gewaltige».

Die diesjährige Idee ist noch kühner. Nicht nur (geistig) «hoch hinaus», sondern (physisch) «hoch hinauf» heisst es jetzt.

17 Kunstschaffende haben fünf SAC-Hütten im Schweizer Alpenmassiv unter sich aufgeteilt, haben Bild- und Installationsideen skizziert, sind auf Rekognoszierung gegangen, um ihre Ideen zu testen, sind tätig geworden. Hier ein Holzturm, dort im Wind wogende Bänder, hüben ein mysteriöses Schächteli, drüben eine besondere Postkarte – jede Antwort auf die Herausforderung «Berg» ist anders ausgefallen. Kurator Andreas Fiedler, Vertrauensperson beider Verbände, hat in enger Zusammenarbeit mit allen Kunstschaffenden das Projekt konzipiert, die Prozessphasen begleitet und zusammen mit den Hüttenverantwortlichen auch die administrativen Hindernisse, die realen Schwellen aus dem Weg geräumt.

Niemand wollte Brünnlein und Rehlein in die sperrige Bergwelt stellen. Alle bemühten sich, die Spannung zwischen schroffer Natur und domestizierendem Menschen – symbolisiert im Ereignis der Hütte – irgendwie aufzufangen. Jetzt sind die Experimente für alle sichtbar. Ich behaupte, dass das Unterfangen gelungen ist. Es zeigt die ganze Breite der schweizerischen Gegenwartskunst. Erfahrene Weltkünstler, die in London und Paris ausstellen, und aufstrebende Aspiranten, unterwegs zur verdienten Beachtung, haben ein Netz von Hütte zu Hütte gespannt.

Ich hoffe, dass Sie, liebe Frauen und Männer vom SAC, wie ich die fünf Hüttengänge – vielleicht mit Freunden und Familie – abschreiten werden. Auf Ihr Echo ist der Schweizer Kunstverein gespannt.

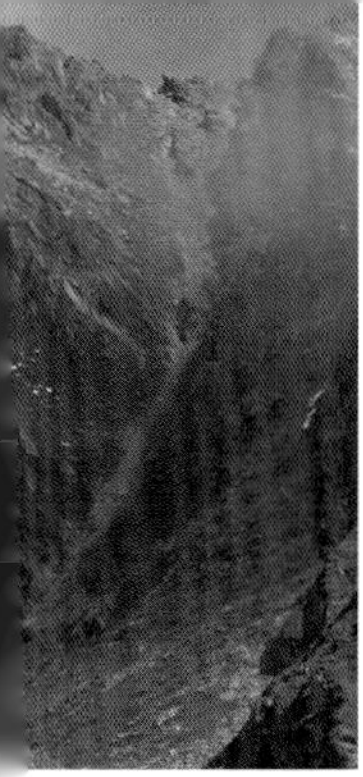

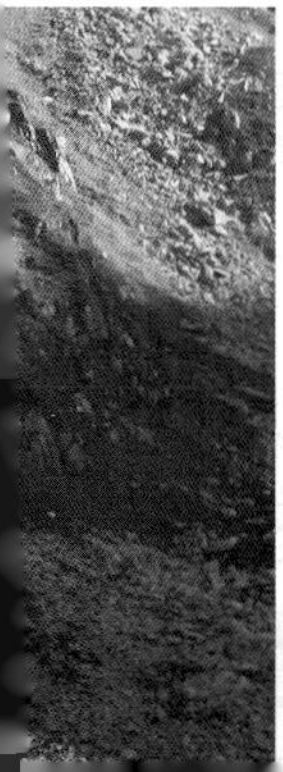

Le projet *But de randonnée : vue imprenable sur l'art*

Il y a à peine deux ans, la situation de départ était à la fois claire et complexe : la 24e exposition d'art du CAS devrait se dérouler en été 2009, dans plusieurs cabanes du CAS, réparties dans les quatre régions linguistiques. Conformément au Règlement pour l'organisation des expositions d'art du CAS, l'objectif était d'encourager « les artistes, les membres du club et le reste de la population à prendre conscience de l'art alpin et de son développement et à le questionner ».

Entre fin juin et début octobre 2009, les cinq cabanes du CAS choisies présentent des interventions artistiques qui, dans leur majorité, ont été réalisées tout exprès pour ce projet et renvoient à ce contexte très spécifique. Les quatorze positions de création artistique contemporaine recouvrent les approches et attitudes artistiques les plus diverses.

Le projet s'accompagne de la présente publication, conçue comme un guide de randonnée et d'art. Son titre, *But de randonnée : vue imprenable sur l'art,* évoque la série des autres publications du CAS, sauf que cette fois, la publication propose un tout autre objectif que les cabanes, les crêtes de Suisse ou encore les Alpes bernoises ou vaudoises, cette fois, ce sera l'art.

Zum Projekt *Wanderziel Kunst: Ein- und Aussichten*

Die Ausgangslage vor knapp zwei Jahren war klar und komplex zugleich: Die 24. SAC-Kunstausstellung sollte im Sommer 2009 in verschiedenen und auf alle vier Sprachregionen der Schweiz verteilten SAC-Hütten stattfinden. Gemäss dem Reglement für die Durchführung der SAC-Kunstausstellungen soll damit «bei Kunstschaffenden, Clubmitgliedern und bei der übrigen Bevölkerung das Bewusstsein und die Auseinandersetzung mit gebirgsbezogener Kunst und deren Entwicklung» gefördert werden.

Zwischen Ende Juni und Anfang Oktober 2009 sind nun in, vor und bei fünf ausgewählten SAC-Hütten künstlerische Interventionen zu sehen, die zum grössten Teil speziell für dieses Projekt entwickelt wurden und sich auf den spezifischen Kontext beziehen. Die 14 ausgewählten Positionen zeitgenössischen Kunstschaffens decken ein breites Spektrum von unterschiedlichen Vorgehensweisen und künstlerischen Haltungen ab.

Begleitet wird das Projekt von der vorliegenden Publikation, die als Kunst- und Wanderführer konzipiert wurde. Der Titel nimmt Bezug auf eine Reihe anderer Publikationen des SAC-Verlags: Statt *Wanderziel Hütte oder Wanderziel Gipfel* heisst es nun *Wanderziel Kunst: Ein- und Aussichten.*

Der Adler ist gelandet

«Der Adler ist gelandet.» Mit diesen Worten meldete Neil Armstrong dem Raumfahrtzentrum in Houston die sichere Landung der Mondlandefähre «Eagle» auf der Mondoberfläche. Am 20. Juli 1969 betrat Armstrong als erster Mensch den Mond, kurz danach folgte Edwin Aldrin. Die beiden Astronauten sammelten rund 20 Kilogramm Mondgestein, führten diverse Experimente durch – und steckten die Fahne der Vereinigten Staaten von Amerika in den Boden. Die Fernsehbilder dieser symbolträchtigen Handlung und den damit zum Ausdruck gebrachten Besitzanspruch der USA verfolgten vor 40 Jahren über 500 Millionen Menschen rund um den Erdball. Apollo 11 kehrte wieder zur Erde zurück – die US-Flagge aber blieb auf dem Mond.

Fahnen haben seit jeher eine besondere Bedeutung. In der Schweiz wurde in Ergänzung zu einem 1815 getroffenen Beschluss der Tagsatzung in einem Bundesbeschluss vom 12. Dezember 1889 in Artikel 1 festgehalten: «Das Wappen der Eidgenossenschaft ist im roten Felde ein aufrechtes, freistehendes weisses Kreuz, dessen unter sich gleiche Arme je einen Sechstel länger als breit sind.» Und am 1. Januar 2008 trat unter der Nummer 51.340 d ein knapp 80-seitiges Reglement in Kraft, das in der Schweiz den Umgang mit Fahnen in allen möglichen und einigen unmöglichen – oder zumindest sehr unwahrscheinlichen – Situationen regelt. Das Reglement formuliert klare Bestimmungen bezüglich deren Handhabung und macht deutlich, dass es sich hier nicht um simple Textilerzeugnisse handelt. Das Hissen einer Flagge ist zweifellos eine bedeutsame Angelegenheit und impliziert symbolbeladene Ebenen.

Imagination

Eine Fahne gehört bekanntlich auch zu jeder SAC-Hütte. Sie ist sichtbares Zeichen dafür, dass die Hütte bewartet ist. Doch was verbinden die Hüttenbesucher sonst noch mit dieser Fahne? Welche Gefühle werden ausgelöst, wenn nach einer anstrengenden Bergtour plötzlich die Schweizer Fahne ins Blickfeld rückt? Gibt es individuelle Bedeutungsebenen? Und was ändert sich, wenn am Masten vor der Hütte plötzlich ein anderes Stück Stoff hängt?

Solche Fragen bilden den Hintergrund der mit *Windlandschaften* betitelten Intervention von **Yves Netzhammer** (vgl. Seite 178 ff.). Dem Künstler gelingt es in verblüffend einfacher Weise, die fünf auf die ganze Schweiz verteilten Projektstandorte miteinander zu verbinden, sie gleichzeitig besonders auszuzeichnen und so für den Sommer 2009 von den übrigen SAC-Hütten zu unterscheiden. Er hisste in den fünf am Kunstprojekt beteiligten Hütten von ihm entworfene Fahnen, die sich formal ganz direkt an die bekannten gelben Wegweisertafeln anlehnen. Fahne und Wegweiser gehören bei Wanderungen zu jedem Hüttenerlebnis. Indem Yves Netzhammer sie miteinander verknüpft, hebt er eine unabdingbare Prämisse der gelben Metalltafeln auf: Die zu Fahnen gewordenen Wegweiser wechseln je nach Windverhältnissen ihre Ausrichtung – jegliche zuverlässige Orientierung wird verhindert. Vielmehr werden die mit Wörtern wie «Wolkenfriedhof» oder «Vergangenheit» beschrifteten Fahnen zu Ausgangspunkten für assoziative Gedankenflüge. Letztlich werden sie zu Wegweisern in eine grenzenlose Welt der Imagination – und genau damit zeigt diese Intervention eine Möglichkeit auf, wie sich Kunst in diesem Kontext überzeugend behaupten kann.

Völlig unabhängig von Yves Netzhammer hat sich nach der Analyse der Ausgangslage auch **Roman Signer** (vgl. Seite 112 ff.) für die Fahne als Kern seiner Arbeit *Windstille* entschieden. Auf dem flachen Platz vor der Capanna Basòdino liess der Künstler einen Holzturm errichten, der eine Fahnenstange umschliesst, an deren Ende die Schweizer Fahne der Hütte baumelt. Roman Signer überführt diese somit in einen Zustand, für den sie nicht gedacht ist: Für die Dauer von *Wanderziel Kunst: Ein- und Aussichten* hängt die normalerweise dem Wind ausgesetzte Fahne schlapp und für die Wanderer unsichtbar am Masten. «Die Schweizer Fahne muss mal zur Ruhe kommen» – so der Künstler im Gespräch.

Die Interventionen von Netzhammer und Signer zeigen exemplarisch, wie sich Kunst auf spezifische Bedingungen einlassen kann, ohne ihre selbstbewusste Existenz zu untergraben. Durch die künstlerische Transformation wird das durch die Erfahrung alltäglich Gewordene plötzlich verwirrend und in seiner Vielschichtigkeit mal abgründig, mal erheiternd. Die künstlerische Vision tritt als komplexes Denkmodell auf und nicht als formal-ästhetische Gestaltung in einer visuell bereits unglaublich aufgeladenen und spektakulären Bergwelt.

Irritation

Seit jeher wird von der Kunst auch erwartet, dass sie zu irritieren vermag, bei den Betrachtenden etwas auslöst und dadurch zu neuen Sichtweisen und Überlegungen anregt. In *Wanderziel Kunst: Ein- und Aussichten* gibt es mehrere künstlerische Interventionen, die beim Publikum auf jeweils ganz unterschiedliche Weise ein Gefühl der Irritation auslösen und durch ihre Andersartigkeit auf differenzierten Wahrnehmungs- und Denkprozessen beharren.

So lassen sich die Skulpturen von **Markus Schwander** (vgl. Seite 146 ff.) auf den ersten Blick nicht ohne Weiteres einordnen: künstlich oder natürlich? Die vom Künstler vor zwei Hütten platzierten Arbeiten wirken in ihrer jeweiligen Umgebung fremd und vertraut zugleich. Gerade in dieser Ambivalenz fragen Schwanders in Beton gegossene Skulpturen ganz grundsätzlich nach dem Verhältnis zwischen Natur und Kultur. Als dezidierter Fremdkörper irritiert hingegen die Arbeit von **Bob Gramsma** (vgl. Seite 96 ff.). An einer ohne Kletterausrüstung nicht zugänglichen Felswand unweit der Capanna Basòdino hängt ein weiss gestrichenes Balkongeländer. Die Funktion des Balkons lässt sich in dieser durch die Bedürfnisse der Stromindustrie geprägten Umgebung nicht erschliessen. Ein Balkon für Romeo und Julia? Als fremdes Objekt voller poetischer Kraft verweist der Balkon in der durchfurchten, felsigen Gegend auf etwas Verborgenes und definiert für sich einen autonomen Raum.

Auf der Terrasse der Chamanna d'Escha hat **Arno Hassler** (vgl. Seite 162 ff.) vier fotografische 360°-Panoramabilder der umliegenden Bergketten montiert. Doch der Betrachter stellt überrascht fest, dass ihm die Orientierung plötzlich schwerfällt. Indem der Künstler die

Bildmitte der vier Fotostreifen je anders festlegte, provoziert er den direkten Vergleich zwischen fotografiertem und realem Panorama. Das Bild zwingt den Betrachter, sich zu orientieren und die eigene Position zu bestimmen. Die Rundsicht ist zwar überwältigend – aber sie überfordert die Wahrnehmung des Betrachters nicht in gleicher Weise wie der zweidimensionale Bildstreifen. Nochmals auf einer anderen Ebene verunsichert die Arbeit von **Reto Rigassi** (vgl. Seite 104 ff.). Der Künstler legte Papierbahnen auf Felsen der Umgebung und bearbeitete sie mit Steinen. Dieser Entstehungsprozess wird von einer Tonspur dokumentiert, die in der Capanna Basòdino zu hören ist: ein rhythmisches, geradezu meditatives Schlagen von Stein auf Stein. Die so entstandenen, von unzähligen Löchern und Rissen durchsetzten Papierbahnen wurden in ihrer sinnlichen Materialität schliesslich in die Holzwand der Hütte eingefügt. Der Titel *Eroserose* lenkt die Aufmerksamkeit auf die Verbindung von Eros und Erosion, von Sinnlichkeit und Zerstörung. In der Arbeit von Reto Rigassi finden die beiden Pole ihren Platz und ihre Gleichzeitigkeit.

Bilder hinterfragen

Wir alle haben bestimmte Bilder im Kopf, wenn von alpinen Landschaften die Rede ist. Es ist unbestritten, dass diese Vorstellungen sehr stark durch die Tourismusindustrie mit ihrer Hochglanzästhetik geprägt sind. Grundsätzlich gaukeln uns diese Werbebilder den Traum von unberührter Natur und idyllischer Berglandschaft vor – eingesetzt allerdings für Produkte, die gerade die Zerstörung dieses Traums beschleunigen.

Waren die Berge für frühere Generationen durchaus noch mit grossen Gefahren, mit Angst und Schrecken verbunden, so sind sie mittlerweile als Ort der Erholung und eines ursprünglichen Naturerlebens zu idealen Projektionsflächen geworden. Berglandschaften werden weitgehend im Klischeeraster der Werbegrafik gedacht – und der Massstab dieser Bilder setzt zumindest bei Menschen aus urbanen Räumen die Grenzen für das, was schützens- und erhaltenswert zu sein scheint. Die Versprechungen der Urlaubsprospekte zielen auf bestimmte Vorstellungen von alpinen Landschaften, die sich primär als Gegenpol zur urbanen Existenz definieren.

Dass solch eingespielte Wahrnehmungsmuster bestehen, ist eine Voraussetzung für das Internetprojekt www.vuedesalpes.com von **Monica Studer/ Christoph van den Berg** (vgl. Seite 76 ff.). Seit bald zehn Jahren entwickeln die beiden Kunstschaffenden eine ausschliesslich digital konstruierte Berglandschaft, in der Internetnutzer im Hotel Vue des Alpes einen virtuellen Urlaub in einem der neun Hotelzimmer mit idyllischem Ausblick buchen können. Für das SAC-Kunstprojekt installierten Studer/van den Berg in der Wildstrubelhütte einen Monitor, auf dem die neuesten Bilder der fiktiven *Gleissenhorn Livecam* zu sehen sind. Die Besucher der Hütte mitten im Wildstrubelmassiv werden also mit Landschaftsbildern konfrontiert, die am Computer konstruiert wurden und uns ganz grundsätzlich über unsere Erwartungen und Klischeevorstellungen nachdenken lassen. Gerade weil *Gleissenhorn Livecam* mitten in der realen Bergwelt zu sehen ist, stellen sich bestimmte Fragen mit grösster Verbindlichkeit, so zum Beispiel: Baut die Tourismusindustrie ihre Angebote nicht auf genauso fiktiven Bildern der Berglandschaften auf, wie sie Studer/van den Berg in ihrer virtuellen Welt digital generieren?

Die vielfach konstatierte Bilderflut in den Massenmedien hat die Wahrnehmung alpiner Landschaften nicht nur entscheidend geprägt – sondern gleichzeitig auch verengt. An diesem Punkt setzt die 30-teilige Reihe von Fotolithografien von **Andres Lutz & Anders Guggisberg** (vgl. Seite 138 ff.) an. Die gleiche Serie wurde bereits in mehreren wichtigen Kunstinstitutionen in Europa ausgestellt – und nun hängen die sorgfältig gerahmten Arbeiten in der Etzlihütte, verteilt auf drei Etagen, unprätentiös und mit grösster Selbstverständlichkeit. In ihrem Bildessay fokussieren Lutz & Guggisberg ganz andere Aspekte der Welt im Allgemeinen und der Bergwelt im Speziellen. Ihre *Eindrücke aus dem Landesinnern,* so der Titel der Reihe, zeigen Banalitäten und Absurditäten des Alltags. Die beiden Künstler brauchen keine Gletscherspalten ins Bild zu rücken, um in Abgründe blicken zu lassen. Das scheinbar Oberflächliche wird zum Allgemeinen ohne blauen Himmel. Diese Ansichten behaupten gegenüber den Bilderbuchlandschaften und der Postkartenidylle einen differenzierten Blick auf die Welt – und mit einer Fotografie explizit auch auf die Etzlihütte.

Wie die Arbeit von Lutz & Guggisberg zielt auch die für das Projekt entwickelte Intervention von **Peter Fischli und David Weiss** (vgl. Seite 170 ff.) auf eine dezidierte Ausweitung tradierter Erlebnisklischees. Fischli/Weiss haben eine aus rund 90 Büchern bestehende Bibliothek zusammengetragen, die unter dem Titel *Rund um die Berge* jede verengte oder idealisierte Perspektive auf die Bergwelt entlarvt. Die Alpenwelt war nie jene reine Idylle, als die sie oft dargestellt wird. Die von den Künstlern assoziativ ausgewählten Bücher befinden sich in der Chamanna d'Es-cha inmitten einer grossartigen Landschaft – und insistieren gerade dadurch nachdrücklich auf ihre breit gefächerten Inhalte. Festgelegte Erwartungen und gewohnte Blickrichtungen werden relativiert, und eine Auseinandersetzung mit der Landschaft als umfassendem Wirtschafts- und Lebensraum wird in Gang gesetzt.

Partizipation

Zu den elementaren Bedingungen des Projekts *Wanderziel Kunst: Ein- und Aussichten* gehört das äusserst heterogene Publikum, von dem ein grosser Teil wegen des Naturerlebnisses und der Wanderung zu den Hütten kommt – und dort dann unerwartet mit Kunst konfrontiert wird. Mehrere der insgesamt 14 Interventionen zielen darauf ab, dieses Publikum ganz direkt zu involvieren und zum Faktor der künstlerischen Arbeit werden zu lassen. Die entsprechenden Strategien sind dabei sehr unterschiedlich:

In die Intervention *Point de vue* von **Ariane Epars** (vgl. Seite 36 ff.) sind Hüttenbesucher bereits durch den Kauf einer Ansichtskarte einbezogen: Einen Sommer lang werden in den fünf beteiligten Hütten sämtliche Ansichtskarten mit einer von der Künstlerin entworfenen Linienzeichnung gestempelt – der traditionelle Hüttenstempel bleibt in der Schublade. Vielleicht werden die beiden Linien des Stempels vom Publikum zeichnend ergänzt oder verändert, bevor die Karten in die ganze Welt verschickt werden? Der Hüttenbesucher erlebt die künstlerische Arbeit von Ariane Epars nicht als geschlossenes Werk, sondern als offene Struktur. Stempeln lassen sich in der Wildstrubelhütte auch die von **George Steinmann** (vgl. Seite 68 ff.) konzipierten Ansichtskarten, die dem Hüttenpublikum kostenlos angeboten werden. Deren Bildmotive unterscheiden sich radikal von gewohnten Ansichtskarten: dichter Nebel und schemenhafte Landschaftsausschnitte statt blauem Himmel und grandiosem Bergpanorama. Mit *Interdependenz* bezeichnet der Künstler die drei Karten auf der Rückseite – er will so eine Spur zu den sich gegenseitig bedingenden Aggregatzuständen des Wassers legen und damit auf Zusammenhänge verweisen, die weit über ein normales Ansichtskartensujet hinausgehen.

Auch **Judith Albert** (vgl. Seite 130 ff.) lenkt mit ihrer Intervention die Aufmerksamkeit letztlich auf komplexe Problemstellungen, die bis zu Fragen zur globalen Klimaerwärmung reichen. Sie kreierte die fiktive Figur des *San Carlo di Monte Grande,* der von der Künstlerin als «Schutzpatron für die Berge und das ewige Eis» bezeichnet wird. In allen fünf Hütten liegen kleine Schachteln bereit, die eine zu Stein gewordene Träne des San Carlo beinhalten und in jedem Rucksack Platz finden. Im beigegebenen Text schreibt die Künstlerin, wie diese kleinen Steine Wunder bewirken könnten. Die Hüttenbesucher sind gefordert: Sie müssten zu Akteuren werden und ein solches Steinchen zu gefährdeten Gletschern oder Bergen bringen – damit «sich die Kraft des San Carlo ausbreiten kann», so die Künstlerin.

Vor der Cabane du Mont Fort steht der fünfköpfige *Chœur des Alpes,* eine Klanginstallation, die durch einen Bewegungsmelder in Gang gesetzt wird. Die Arbeit von **Geneviève Favre Petroff** (vgl. Seite 44 ff.) lässt sich nur vor Ort erfassen: Aus den weit aufgerissenen Mündern der auf Sockeln montierten Masken ertönen vokale Improvisationen der Künstlerin, die das gesamte Spektrum ihrer Stimme ausloten. Die nach einem elektronisch gesteuerten Zufallsprinzip abgespielten Improvisationen bilden die akustische Grundlage für ein subtiles Beziehungsgeflecht, das sich zwischen den stilisierten Tierköpfen auf den Sockeln und der umliegenden Bergwelt entwickeln lässt. Für das künstlerische Schaffen von **Peter Regli** (vgl. Seite 52 ff.) schliesslich ist der Einbezug eines breiten Publikums seit jeher von elementarer Bedeutung. «Reality Hacking» nennt der Künstler seine Interventionen im öffentlichen Raum, die oft an entlegenen Orten und ohne Ankündigung realisiert werden. Dieses Prinzip gilt auch für *Reality Hacking No. 271:* Die vom Künstler in der Umgebung der Cabane du Mont Fort verteilten 50 Bergkristalle unterschiedlicher Grösse geben Berggängern die Möglichkeit, «zufällig» einen besonderen Fund zu machen. Erst mit dem Erscheinen der vorliegenden Publikation wird *Reality Hacking No. 271* öffentlich – bis zu diesem Zeitpunkt dürften jedoch die allermeisten Bergkristalle mit ihren stolzen Findern bereits eine eigene Geschichte haben.

Die Kunst ist gelandet

Die Kunst ist in den Bergen gelandet – aber nicht als ufoartiger Fremdkörper und ohne jegliche autoritäre Geste. Die 14 spezifischen Interventionen belegen, wie sich Kunst in der visuellen Fülle der Bergwelt überzeugend manifestieren kann. Inmitten von grandiosen Aussichten behauptet sich die Kunst als Ort der Konzentration und der Einsichten. Sie vermag der verbreiteten ästhetischen Konditionierung – und um eine solche handelt es sich bei der Herausbildung prägender Bilder der Bergwelt – etwas entgegenzusetzen und von tradierten Erlebnisklischees wegzuführen. Ein differenzierteres Wahrnehmen sprengt die Schablone des schon Vorgegebenen und erschliesst auch andere Bereiche der Bergwelt. Die Künstlerinnen und Künstler lenken den Blick auf das Detail und nicht auf den Horizont. Sie verstehen die Berge nicht nur als physisches Territorium, sondern als kulturelles Ge-

lände jenseits des Missverständnisses eines antiurbanen Refugiums.

Gemäss Untersuchungen verweilt der durchschnittliche Museumsbesucher nur einige Sekunden vor einem Bild. Möglicherweise verändert sich dieses Rezeptionsverhalten, wenn man über drei Stunden gewandert ist, um sich wenige und zurückhaltend inszenierte künstlerische Interventionen in einer Hütte anzuschauen. Denn das Überwältigende des Bergpanoramas ist zwar dominant, aber es bietet der Kunst auch einen Rahmen, um ihr unglaubliches Potenzial für konzentrierte Reflexion und Fokussierung offenzulegen. Kunst definiert sich schon lange nicht mehr nur aus ihrer Opposition zur Natur – und gerade deshalb kann sie in diesem Kontext zu einer Ressource werden, die zwischen Natur und Kultur vermittelt und diese nicht als Einbahnstrassen versteht. Sie erzwingt die Auseinandersetzung mit diesem dialektischen Verhältnis und lässt Menschen darüber ins Gespräch kommen.

Andreas Fiedler

L'aigle s'est posé

«L'aigle s'est posé»: c'est par ces mots que, le 20 juillet 1969, Neil Armstrong annonce au centre spatial de Houston l'alunissage en douceur du module lunaire Eagle: Armstrong est le premier homme à marcher sur la lune, Edwin Aldrin le suivra quelques minutes plus tard. Les deux astronautes ont ramassé près de vingt kilos de pierres lunaires, conduit diverses expériences – et planté, dans le sol, le drapeau des Etats-Unis d'Amérique. Les images télévisées de ces actions symboliques, qui n'étaient pas sans traduire la mainmise des Etats-Unis sur la lune, ont été suivies par plus de 500 millions de personnes dans le monde entier, il y a quarante ans. Apollo 11 est rentrée à la base, sur terre – le drapeau des Etats-Unis, lui, est resté sur la lune.

De tout temps, les drapeaux ont eu une signification particulière. En Suisse, pour compléter une décision prise en 1815 par la Diète fédérale, l'Assemblée nationale décrète, le 12 décembre 1889, dans l'article 1, que le drapeau de la Confédération a «sur fond rouge, une croix blanche équilatérale dont les bras sont 1/6e de fois plus longs que larges». Et le 1er janvier 2008, sous le numéro 51.340 d, un règlement de 78 pages explique comment se comporter vis-à-vis du drapeau suisse dans toutes les situations possibles ou impossibles – ou du moins très improbables. Le règlement donne des consignes pour le maniement du drapeau et fait clairement comprendre qu'il ne s'agit pas d'un simple bout de tissu. Aucun doute que hisser les couleurs est une affaire très sérieuse, lourde de sens et faisant appel à tous les registres symboliques.

Imagination

On sait qu'il y a toujours un drapeau devant les cabanes du CAS. C'est le signe visible que la cabane est gardiennée. Mais y a-t-il autre chose qui relie le visiteur de la cabane à ce drapeau? Quels sentiments fait naître le drapeau suisse lorsque, après une randonnée éprouvante, il apparaît brusquement au détour du chemin? La signification qu'on lui accorde peut-elle varier en fonction de la personne? Et qu'est-ce qui change lorsqu'un autre morceau d'étoffe flotte au mât, devant la cabane?

Ces questions servent de toile de fond à l'intervention d'**Yves Netzhammer** (voir page 178 sqq.), intitulée *Windlandschaften* (paysages de vent). Adoptant une démarche d'une simplicité stupéfiante, l'artiste parvient à relier entre elles les cabanes participant au projet et disséminées aux quatre coins de la Suisse, tout en distinguant chacune d'entre elles du reste des cabanes du CAS durant l'été 2009. Il hisse des drapeaux de sa fabrication qui rappellent dans leur forme ces panneaux jaunes qui nous sont si familiers. Le drapeau et les panneaux indicateurs font en effet partie intégrante des randonnées et des nuitées dans les cabanes. En les combinant, Yves Netzhammer annule la raison d'être des panneaux de métal jaunes: transformés en drapeaux, ils

changent de direction selon les caprices du vent – excluant ainsi toute possibilité de s'orienter avec certitude. Portant des inscriptions comme « Wolkenfriedhof » – cimetière de nuages – ou « Vergangenheit » – passé –, ses drapeaux se veulent bien plutôt les inspirateurs d'associations d'idées. En fin de compte, ils balisent le monde illimité de l'imagination – et c'est en cela que cette intervention témoigne de la capacité de l'art à maîtriser son contexte avec éloquence.

Indépendamment d'Yves Netzhammer, la même analyse de départ a également conduit **Roman Signer** (voir page 112 sqq.) à centrer son installation *Windstille* (calme plat) autour du drapeau. Il a fait construire sur l'esplanade devant la Capanna Basòdino une tour de bois entourant une hampe de drapeau, au bout de laquelle pendouille le drapeau suisse. Roman Signer le place ainsi dans une situation qui n'est pas celle pour laquelle il a été conçu : aussi longtemps que durera l'exposition *But de randonnée : vue imprenable sur l'art*, ce drapeau, qui normalement flotte au vent, pendra flasque et demeurera invisible aux randonneurs. « Il est temps que le drapeau suisse prenne du repos », dit l'artiste dans un entretien.

Les interventions de Netzhammer et de Signer sont exemplaires et montrent bien que l'art est capable de se plier à certaines situations spécifiques sans se désavouer lui-même. Les transformations introduites par l'art redonnent sa bigarrure au quotidien désenchanté par l'habitude, et le rendent déconcertant, énigmatique et parfois aussi amusant. La vision artistique se présente comme un modèle de pensée complexe dans un monde alpin spectaculaire, chargé d'une symbolique incroyablement riche, plutôt que comme une composition formelle et esthétique.

Irritation

On a toujours attendu de l'art qu'il soit aussi capable d'irriter, de bouleverser le public et de lui inspirer de nouvelles visions et réflexions. L'exposition *But de randonnée : vue imprenable sur l'art* compte plusieurs interventions artistiques qui provoquent, de diverses façons, l'irritation du public, en accentuant son altérité et ses modes de perception et de pensée différenciés.

Ainsi, à première vue, il n'est pas aisé de cataloguer les sculptures de **Markus Schwander** (voir page 146 sqq.) : sont-elles artificielles ou naturelles ? Dans leur environnement respectif, les travaux que l'artiste a placés devant deux des cabanes font naître un sentiment mêlé d'étrangeté et de familiarité. C'est justement parce qu'elles sont ambiguës que les sculptures de Schwander, coulées dans le béton, remettent fondamentalement en question les rapports de la nature et de la culture. L'irritation émanant du travail de **Bob Gramsma** (voir page 96 sqq.) vient, en revanche, de ce qu'il se positionne carrément comme un corps étranger: pas très loin de la Capanna Basòdino, une balustrade de balcon blanche est accrochée à une paroi rocheuse inaccessible sans équipement d'escalade. Impossible de définir la fonction du balcon dans ce lieu marqué par les cicatrices de l'industrie électrique. Un balcon pour Juliette et Roméo ? Objet empreint d'énergie et de poésie, incongru dans cette gorge rocheuse, le balcon renvoie à quelque chose de mystérieux tout en définissant son propre espace.

Sur la terrasse de la Chamanna d'Es-cha, **Arno Hassler** (voir page 162 sqq.) a placé quatre photos représentant une vue panoramique des chaînes de montagnes environnantes. Mais à y regarder de plus près, l'observateur constate avec surprise qu'il lui est impossible de s'orienter. En centrant son objectif différemment pour chacune des quatre séries de photos, l'artiste provoque la comparaison directe entre le paysage photographié et le panorama réel. L'image contraint son spectateur à s'orienter et à redéfinir sa propre position car, bien que la vue alentour soit grandiose, elle n'ébranle pas ses sens dans la même mesure que les images photographiques bidimensionnelles. Le travail de **Reto Rigassi** (voir page 104 sqq.) suscite une autre sorte d'inquiétude. L'artiste a étendu des feuilles de papier sur les rochers des alentours et les a frappées avec des pierres. Le processus de création a été enregistré et documenté sur une bande sonore que l'on entend dans la Capanna Basòdino : un battement rythmique, presque méditatif, de la pierre contre la pierre. Les bandes de papier ainsi travaillées, transpercées et déchirées en d'innombrables endroits, ont ensuite été encastrées dans les murs de bois de la cabane, dans toute leur matérialité sensuelle. Le titre *Eroserose* met en évidence l'alliance de deux motifs, Eros et l'érosion, la sensualité et la destruction. Deux pôles qui, en toute simultanéité, trouvent un espace dans le travail de Reto Rigassi.

Remettre les images en question

Nous avons tous certaines images en tête lorsqu'il est question de paysages alpins. Il est incontestable que nos représentations sont dictées par les images sur papier glacé de l'industrie du tourisme et par leur esthétique. Au fond, ces photos publicitaires n'ont d'autre objectif que de nous faire miroiter le rêve d'une nature intacte et d'un paysage alpin idyllique – ce qui ne les empêche pas de faire la réclame de produits qui, justement, accélèrent la destruction de ce rêve.

Si les générations qui nous ont précédés associaient les montagnes au danger, à la peur et à l'horreur, aujourd'hui nous les voyons plutôt comme un lieu de détente, où la nature peut être vécue dans son authenticité, et nous en avons fait la surface idéale de nos projections. Notre perception des paysages de montagne est largement influencée par les clichés du graphisme publicitaire – et, du moins pour les citadins, ce sont ces derniers qui déterminent les critères de ce qui est ou non digne d'être préservé et conservé. Par leurs promesses, les prospectus de vacances suscitent certaines visions de paysages alpins qu'ils définissent d'abord comme le contraire de la vie urbaine.

L'existence de ces modes de perception routiniers est à la source du projet internet www.vuedesalpes.com de **Monica Studer/Christoph van den Berg** (voir page 76 sqq.). Depuis près de dix ans, ces deux artistes construisent, en images exclusivement numériques, un paysage de montagne avec hôtel (Vue des Alpes) où les internautes peuvent réserver l'une des neuf chambres avec vue panoramique idyllique et séjourner. Pour le projet artistique du CAS, Studer/van den Berg ont installé dans la Wildstrubelhütte un écran où défilent les images les plus récentes de cette *Gleissenhorn Livecam* fictive. Les visiteurs de cette cabane située dans le massif du Wildstrubel sont donc confrontés à des images de paysages élaborées sur ordinateur, qui incitent à une réflexion fondamentale sur la banalisation de nos attentes et de nos idées. Et c'est justement parce qu'on regarde la *Gleissenhorn Livecam* en plein monde alpin réel qu'on est contraint de s'interroger: pour composer ses offres, l'industrie du tourisme ne joue-t-elle pas sur des images de paysages alpins tout aussi fictives que celles, numériques, générées par Studer/van den Berg dans leur monde virtuel.

Les innombrables images que déversent sur nous les mass media n'ont pas seulement influencé notre perception du monde alpin, elles l'ont également rétrécie. Un fait que **Andres Lutz & Anders Guggisberg** (voir page 138 sqq.) ont choisi comme préalable à leur série de photolithographies en trente tableaux. Cette même série a déjà été exposée dans plusieurs grandes institutions artistiques européennes – et la voilà maintenant sur les murs de l'Etzlihütte, soigneusement encadrée, répartie sur les trois étages, avec discrétion et dans le plus grand naturel. Lutz & Guggisberg se concentrent, dans leur essai photographique, sur de tout autres aspects du monde en général et du monde alpin en particulier. Leurs *Eindrücke aus dem Landesinnern* (Impressions de l'intérieur du pays), puisque c'est le nom de la série, montrent la banalité et l'absurdité du quotidien. Les deux artistes n'ont guère besoin de zoomer sur une crevasse de glacier pour nous faire entrevoir des abîmes. Ce qui a l'apparence de la superficialité prend un caractère universel, moins le ciel bleu. Se démarquant des paysages de livres d'images et des idylles de cartes postales, ces photographies imposent une vision différenciée du monde – et, pour l'une d'elles, de l'Etzlihütte.

De même que le travail de Lutz & Guggisberg, l'intervention réalisée pour ce projet par **Peter Fischli et David Weiss** (voir page 170 sqq.) cherche résolument à élargir le champ des expériences et des représentations traditionnelles. Sous le titre *Rund um die Berge* (A propos des montagnes) Fischli/Weiss ont créé une bibliothèque de quelque 90 livres démasquant toutes les visions du monde alpin exiguës ou idéalisées – ce monde qui n'a jamais été l'idylle parfaite à laquelle on voudrait nous faire croire. Les livres sélectionnés par les artistes se trouvent dans la Chamanna d'Es-cha, au cœur d'un magnifique paysage – et ce seul fait donne encore plus de poids à la diversité de leurs contenus. Ils remettent en question les limites des attentes et les habitudes du regard et suscitent la réflexion sur le paysage comme espace global de vie et d'économie.

Participation

L'une des prémisses du projet *But de randonnée : vue imprenable sur l'art,* est un public extrêmement hétérogène, dont la majorité se rend dans les cabanes par amour de la randonnée et pour faire l'expérience de la nature – et se voit de but en blanc confrontée à l'art. Plusieurs des quatorze interventions ont pour objectif d'impliquer directement ce public et d'en faire un élément du travail artistique. Comme le montrent les paragraphes suivants, les stratégies auxquelles ont recouru les artistes sont cependant très diverses.

Les visiteurs sont d'emblée associés à l'intervention *Point de vue* d'**Ariane Epars** (voir page 36 sqq.) dès lors qu'ils achètent une carte postale : durant tout l'été, dans les cinq cabanes participant au projet, les cartes postales seront estampillées d'un dessin de l'artiste – le tampon habituel de la cabane, lui, restera dans un tiroir. Peut-être le public complètera-t-il ou modifiera-t-il les deux lignes du tampon avant d'envoyer la carte aux quatre coins du monde ? Le travail artistique d'Ariane Epars ne se présente pas au visiteur de la cabane comme une œuvre achevée, mais plutôt comme une structure ouverte. Les cartes postales conçues par **George Steinmann** (voir page 68 sqq.) et offertes gratuitement au public de la Wildstrubelhütte pourront également être tamponnées. Leurs motifs diffèrent toutefois radicalement de ceux des cartes postales habituelles : brouillard épais et détails de paysages flous supplantent le grand ciel bleu et les panoramas majestueux. Au dos des trois cartes, l'artiste a apposé le mot *Interdependenz* – signalant ainsi les différents états de l'eau, qui se conditionnent l'un l'autre, et renvoyant à d'autres contextes qui vont bien au-delà des motifs habituels de cartes postales.

Par son intervention aussi, **Judith Albert** (voir page 130 sqq.) attire l'attention sur des problématiques complexes, impliquant même des questions comme le réchauffement climatique. Elle a créé le personnage fictif de *San Carlo di Monte Grande,* qu'elle nomme le « saint patron des montagnes et des glaces éternelles ». Dans les cinq cabanes sont proposées de petites boîtes d'allumettes faciles à glisser dans un sac à dos et enfermant une larme de San Carlo métamorphosée en pierre. Dans le texte joint à la boîte, l'artiste explique que les petites pierres peuvent accomplir des miracles. Les visiteurs de la cabane sont mis à contribution : il leur faut agir et amener l'une de ces petites pierres sur un glacier ou une montagne en péril – afin que, selon les mots de Judith Albert, « le pouvoir de San Carlo puisse s'étendre ».

Devant la cabane du Mont Fort, se trouve un *Chœur des Alpes* à cinq voix, une installation sonore mise en marche par un détecteur de mouvement. Il faut être sur place pour apprécier, dans toute son ampleur, le travail de **Geneviève Favre Petroff** (voir page 44 sqq.) : les masques montés sur un socle ont la bouche largement ouverte et font entendre les improvisations vocales de l'artiste, qui explore l'ensemble des registres de sa voix. Jouées selon un principe aléatoire et pilotées électroniquement, les improvisations forment le fondement acoustique d'un réseau subtil de liens qui s'établissent entre les têtes d'animaux stylisées et le monde alpin les entourant. Enfin, dans le travail artistique de **Peter Regli** (voir page 52 sqq.), l'implication d'un large public est d'une importance capitale. L'artiste appelle « reality hacking » les interventions qu'il réalise dans l'espace public, la plupart du temps sans prévenir et dans des endroits isolés. Pour *Reality Hacking No. 271*, il a suivi le même principe : les cinquante cristaux de roche de différentes tailles qu'il a dispersés et cachés dans les environs de la cabane du Mont Fort offrent aux randonneurs la possibilité de faire, « par hasard », des trouvailles extraordinaires. Ce n'est qu'à la parution de la présente publication que *Reality Hacking No. 271* sera rendu public – mais d'ici là, la plupart des cristaux et leurs heureux dénicheurs auront déjà une histoire bien à eux.

L'art s'est posé

L'art s'est posé dans les montagnes – mais non comme un corps étranger ou un ovni et sans allures péremptoires. Les quatorze interventions démontrent que, malgré l'opulence visuelle du monde alpin, l'art peut marquer une présence convaincante. Face à des panoramas grandioses, il s'impose comme un lieu de concentration et de réflexion, il parvient à s'opposer à un conditionnement esthétique diffus – car c'est bien de cela qu'il s'agit lorsqu'on parle de construction de représentations prégnantes du monde alpin – et à nous détacher d'expériences stéréotypées et conventionnelles. En modulant la perception, il brise les poncifs préexistants et ouvre sur d'autres facettes du monde alpin. Les artistes dirigent notre regard sur les détails et non sur l'horizon. Ils conçoivent la montagne non comme une réalité géographique, mais comme un territoire culturel bien loin de n'être qu'un refuge contre l'urbanité.

Les enquêtes montrent qu'en moyenne, un visiteur de musée ne passe pas plus de quelques secondes devant un tableau. Il est possible que cette forme de réception se modifie lorsqu'on a marché pendant trois heures pour admirer quelques interventions artistiques, modestement mises en scène dans une cabane. Si le panorama de montagne est imposant, il offre aussi à l'art un superbe cadre pour manifester son incroyable potentiel de réflexion, d'attention et de concentration. Il y a longtemps que l'art ne se définit plus seulement en opposition à la nature – et c'est pourquoi il peut, dans ce contexte, se transformer en ressource, en médiateur entre nature et culture, et définir cette dernière autrement que comme une voie à sens unique. Il oblige le public à s'interroger sur cette relation dialectique et à en discuter.

Andreas Fiedler

Groppi
Iffigensee
Wildhornhütte 2 St
Dungelpass 3 St
Betelberg/Leiterli
Lauenen 5 St

awilpass 4 Std.50 Min.
ac de Tseuzier 9 Std. 10 Min.
tten
ldstrubelhütte 3 Std.50 Min.
2 Std.
ierenläger 2 Std.50 Min.
wilseeleni 6 Std.40 Min.
nmenfälle
genfall
schenried 40 Min.
1 Std.
2 Std.
germatte 1 Std. 10 Min.
enbrunnen 2 Std.20 Min.
nenfälle 3 Std.

Cabane du Mont Fort, 2457 m

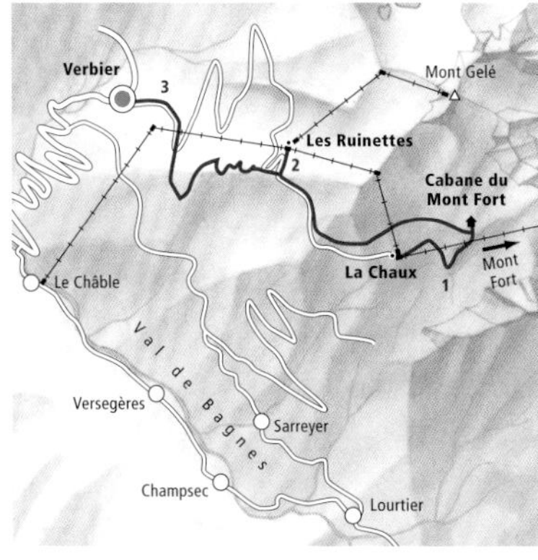

Situation:	val de Bagnes (VS)
Cartes:	1326 Rosablanche, 283 Arolla
Propriété:	CAS Jaman
Places:	66
Téléphone:	027 778 13 84
Gardiens:	Frances et Daniel Bruchez Gardiennage continu de fin juin à mi-septembre environ, demi-pension possible
Info:	www.cabanemontfort.ch

1 facile T1 ⌚ 0:45 ↗ 200 m

De la gare du Châble, télécabine via Verbier et Les Ruinettes vers La Chaux (2266 m). De là, un bon chemin de randonnée balisé conduit à la cabane.

2 facile T1 ⌚ 1:45 ↗ 270 m

Comme pour l'accès 1, télécabine jusqu'aux Ruinettes (2192 m). Prendre alors le chemin de montagne qui, suivant en partie le trajet d'un bisse (canal d'irrigation) et montant progressivement, passe au-dessus de l'alpage de La Chaux pour atteindre la cabane.

3 facile T1 ⌚ 3:00 ↗ 970 m

De Verbier, diverses combinaisons de chemins de randonnée permettent de se rendre à la cabane. L'un des plus courts itinéraires part de la place principale (terminus du car postal), passe par Clambin et Le Hattey puis à travers la forêt en direction des Ruinettes pour rejoindre, au sud de la station intermédiaire de la télécabine, l'itinéraire de l'accès 2.

Activités

- Grande terrasse avec vue sur le massif du Mont-Blanc
- Excursion en télécabine sur le sommet panoramique du Mont Fort (3308 m)
- Randonnée le long d'un bisse (canal d'irrigation) vers Les Ruinettes (T1, 1 h)
- Randonnée de montagne vers Fionnay, suivant le Sentier des Chamois, par le col Termin et la cabane de Louvie (T3, 4 h)
- Traversée des cols de Louvie et de Prafleuri vers la Grande Dixence (T3, 5–6 h), avec détour éventuel par la Rosablanche (excursion de haute montagne, passages de glacier et d'escalade)

Ariane **Epars**
Geneviève **Favre Petroff**
Peter **Regli**
Judith **Albert**
Yves **Netzhammer**

Lage:	Val de Bagnes (VS)
Karten:	1326 Rosablanche, 283 Arolla
Eigentum:	CAS Jaman
Schlafplätze:	66
Telefon:	027 778 13 84
Hüttenwarte:	Frances und Daniel Bruchez Von Ende Juni bis ca. Mitte September durchgehend bewartet, Halbpension erhältlich
Info:	www.cabanemontfort.ch

1 einfach T1 ⏲ 0:45 ↗ 200 Hm

Vom Bahnhof Le Châble mit den Bergbahnen via Verbier und Les Ruinettes zur Station La Chaux (2266 m). Ab hier führt ein markierter, bequemer Wanderweg zur Hütte.

2 einfach T1 ⏲ 1:45 ↗ 270 Hm

Wie beim Zugang 1 mit Bergbahnen bis zur Station Les Ruinettes (2192 m). Nun auf einem Höhenweg südwärts, dann allmählich ansteigend, zum Teil an einer Bisse (Bewässerungskanal) entlang, oberhalb von La Chaux hindurch zur Hütte.

3 einfach T1 ⏲ 3:00 ↗ 970 Hm

Von Verbier führen zahlreiche Wanderweg-Kombinationen zur Hütte. Eine der kürzesten ist jene vom Hauptplatz (Postauto-Endstation) über Clambin und Le Hattey, dann durch den Wald Richtung Les Ruinettes, bis man etwas südlich der Bergstation Zugang 2 erreicht.

Aktivitäten

- Grosse Hüttenterrasse mit freiem Blick zum Mont-Blanc-Massiv
- Seilbahnausflug zum Aussichtsberg Mont Fort (3308 m)
- Wanderung einer Bisse (Suone, Wasserkanal) entlang nach Les Ruinettes (T1, 1 Std.)
- Höhenwanderung via Sentier des Chamois, Col Termin und Cabane de Louvie nach Fionnay (T3, 4 Std.)
- Überschreitung Col de Louvie–Col de Prafleuri zur Grande Dixence (T3, 5–6 Std.), evtl. Abstecher zur Rosablanche (Hochtour, Gletscher und Kletterpassagen)

Le coin tranquille de Verbier

Verbier, qui était jusque dans les années 50 du siècle dernier un modeste village de montagne dans le val de Bagnes valaisan, s'est hissé au rang de destination touristique majeure dans l'arc alpin. Un premier téléphérique transportait alors les skieurs et randonneurs, encaqués dans des caisses biplaces, à la Croix des Ruinettes. D'autres installations de remontée mécanique suivirent, qui aidèrent le village à se faire une renommée enviable, surtout comme destination de sports d'hiver. Verbier s'est aujourd'hui libéré de cette spécialisation, hébergeant des écoles ainsi qu'un festival de musique classique, des familles aussi bien que des vedettes de la jet-set internationale, des amateurs de repos et des professionnels du *freeride* en compétition ainsi qu'à l'entraînement. On s'y rend aussi depuis longtemps pour fréquenter ses restaurants chics et ses clubs à la mode.

Depuis 1925, la cabane du Mont Fort fait aussi partie de l'offre touristique, conçue et bâtie pour servir en été de point de départ à des excursions dans la région de la Rosablanche, et en hiver d'étape sur la Haute Route, la mythique traversée à skis des Alpes valaisannes. Située entre les deux grands domaines skiables de Verbier, le Mont Gelé et le Mont Fort, elle fut ensuite incorporée aux infrastructures des remontées mécaniques. Se trouvant maintenant au milieu des pistes, elle accueille en hiver surtout des skieurs. En été, quoique facilement atteignable, elle reste un peu à l'écart du tohu-bohu de la station et retrouve son caractère originel de cabane de montagne. Ses visiteurs sont principalement des randonneurs en chemin vers le lac de Louvie, ou vers les lacs des Dix ou de Cleuson. Sa grande terrasse offre une vue spectaculaire sur le plus haut massif des Alpes, celui du Mont-Blanc. Les excursions d'altitude dans la région ont quelque peu perdu de leur attrait. Elles méritent pourtant les plus chaudes recommandations, si l'on pense en particulier à l'ascension de la Rosablanche, un sommet que l'on atteint après avoir traversé une vaste plaine de lapiés puis le vaste glacier du Grand Désert. La vue que l'on a depuis ce sommet impressionne même les alpinistes les plus blasés. On peut à cet égard citer le pionnier saint-gallois de l'alpinisme J. J. Weilenmann, qui écrivit en 1865: «La hauteur respectable de 10306 p[ieds] p[arisiens], la situation isolée de la montagne donnent à espérer un beau panorama, mais la réalité dépasse toutes les espérances. Le regard ne s'arrête qu'au sud à la cime du Mont Pleureur, mais il balaie librement les étendues allant du Grand Combin au Mont Blanc, des Alpes bernoises au massif du Mont Rose pour se griser de la chaude vibration des névés brillant dans le liséré bleuté de l'horizon.»

Marco Volken

Die ruhige Ecke von Verbier

Verbier, einst beschauliches Bergdorf im Walliser Val de Bagnes, ist längst zur Topdestination des alpinen Tourismus avanciert. Begonnen hatte der Aufstieg 1950 mit einer ersten Seilbahn, die Skifahrer und Ausflügler in offenen Zweierkisten mühelos zur Croix-des-Ruinettes beförderte. Später kamen weitere Bahnen und Lifte hinzu, und im Gleichschritt erwarb sich das Dorf ein grosses Renommee, zumal unter Wintersportlern. Heute kommt in Verbier alles zusammen und durcheinander, von der Schulklasse bis zum Klassikfestival, von der Familie über den internationalen Jetset bis zur professionellen Freeride-Szene. Schicke Restaurants und trendige Clubs gehören längst zum touristischen Angebot.

Zum Angebot gehört seit 1925 auch die Cabane du Mont Fort. Geplant und erbaut wurde die Hütte als ganzjährig benutzbare Unterkunft – im Sommer als Ausgangspunkt für Hochtouren im Rosablanche-Gebiet, im Winter als Etappenort für die «Haute Route», die berühmte Skidurchquerung der Walliser Alpen. Eingebettet zwischen den beiden grossen Skibergen von Verbier, dem Mont Gelé und dem Mont Fort, wurde sie später dem Einzugsgebiet der Bergbahnen einverleibt. Dadurch liegt sie heute inmitten des Pistengebiets und wird im Winter vor allem als gesellige Skihütte betrieben. Anders im Sommer: Obschon auch in der schneefreien Zeit sehr gut zu erreichen, bleibt die Cabane dann etwas abseits vom Rummel und findet zu ihrem rustikalen Berghüttencharakter zurück. Besucht wird sie in erster Linie von Wanderern auf ihrem Weg zum Lac de Louvie, zum Lac des Dix oder zum Lac de Cleuson sowie von Tagesgästen auf der Suche nach dem grossartigen Panorama, bietet die Hüttenterrasse doch eine spektakuläre Aussicht auf die höchste Gebirgsgruppe der Alpen, jene des Mont Blanc. Die traditionellen Hochtouren der Region haben hingegen etwas an Zulauf verloren; dabei können sie wärmstens empfohlen werden – insbesondere die Besteigung der Rosablanche, die über karge Gletschervorfelder und die weitläufige Eisfläche des Grand Désert zu einem Gipfel führt, dessen Rundsicht selbst abgebrühte Bergsteiger beeindruckt. Wie notierte der St. Galler Alpenpionier J. J. Weilenmann doch anno 1865: «Die respektable Höhe von 10'306 P[ariser] F[uss], so wie die freie Lage des Berges liessen eine schöne Umschau erwarten, die aber von der Wirklichkeit noch übertroffen wurde. Nur südwärts wird der Blick durch die Gipfel des Pleureur etwas gehemmt; nach dem Combin und Mont Blanc, nach den Berner Alpen und der Monterosa-Gruppe schweift er dagegen unbeschränkt und schwelgt im warmen, behaglichen Flimmern des von Firnen umsäumten Horizontes.»

Marco Volken

Ariane Epars

Geboren 1959 in Pompaples / *née en 1959 à Pompaples*
Ariane Epars lebt in Cully / *vit à Cully*

Einzelausstellungen (Auswahl)
Expositions individuelles (sélection)
2004, Projektraum, Kunsthalle Bern; 2001, Ariane Epars, Les Halles espace d'art contemporain Porrentruy; 1999, Esquisses, Museum zu Allerheiligen Schaffhausen

Gruppenausstellungen (Auswahl)
Expositions collectives (sélection)
2008, Aurum, Centre PasquArt Bienne; 2008, Eclairages, Musée cantonal des Beaux-Arts Lausanne; 2008, Arte Bregalia. Ein Kunstparcours von Maloja bis Chiavenna; 2007, Art en plein air, Môtiers; 2006, Mathilda is Calling, Institut Mathildenhöhe Darmstadt

Preise und Stipendien (Auswahl),
Prix et bourses d'études (sélection)
2007 Stipendium der Stiftung Leenaards; 2003 Aufenthaltsstipendium der Chinati Foundation Marfa Texas; 1994 Swiss Art Award

Bibliografie (Auswahl),
Bibliographie (sélection)
Aurum. Gold in der zeitgenössischen Kunst, Centre PasquArt Bienne, Nürnberg 2008; Mathilda is Calling. Erinnerung als Zukunft, Institut Mathildenhöhe Darmstadt, Ostfildern 2006; Ariane Epars. Esquisses, Museum zu Allerheiligen Schaffhausen, Schaffhausen 1999

www.arianepars.ch

Titel / *Titre:*
Point de vue

Jahr / *Année:* 2009

Materialien:
Stempel, Stempelkissen, Tinte
Matériaux:
tampon, tampon encreur, encre

Dimensionen / *Dimensions:*
14 cm × 4 cm

ARIANE EPARS_POINT DE VUE, 2009

Pelikan

Ariane Epars

Point de vue

Einige Wanderer sammeln sie, Berggänger lassen sich damit den Hüttenbesuch bestätigen, Tagesgäste kaufen gerne Ansichtskarten mit dem exklusiven und dekorativen Abdruck auf der Rückseite: Hüttenstempel haben eine lange Tradition und werden bis heute in unzähligen SAC-Hütten rege benutzt. Ariane Epars hat für das SAC-Kunstprojekt eine Intervention konzipiert, die sich subtil in diese historisch gewachsenen Strukturen einfügt. Ein von der Künstlerin kreierter Stempel, der eine ungewohnte Breite von 14 cm hat, wird nun einen Sommer lang in allen fünf beteiligten Hütten in Gebrauch sein.

In langwieriger und behutsamer Annäherung hat Ariane Epars ein auf lediglich zwei Linien reduziertes Stempelmotiv entwickelt. Dieser rudimentäre grafische Ausdruck evoziert unmittelbar die Vorstellung einer Horizontlinie und damit die Ahnung einer Berglandschaft. Die obere, unregelmässig geschwungene und teilweise gezackte Linie lässt beim Betrachter kaum Zweifel zu: Der Abdruck zeigt ein Panorama – doch welches?

Jede der fünf Hütten hat eine eindrückliche Aussicht auf Bergketten zu bieten, aber ein vergleichendes Schauen macht deutlich, dass keines dieser Panoramen mit den Konturen von Ariane Epars' Linienzeichnung korrespondiert. Für ihren Stempel hat die Künstlerin vielmehr ein Motiv gewählt, das sie persönlich an ihrem Wohnort Cully täglich vor Augen hat: den Blick über den Genfersee Richtung Rhonemündung und Waadtländer Alpen. Auf dem Stempelabdruck, der exakt die Silhouette dieses Panoramas abbildet, sind beispielsweise der Grand Muveran, der unmittelbar daneben liegende, markante Petit Muveran oder die Dents de Morcles zu identifizieren. Mit der am rechten Stempelrand erkennbaren Umrisslinie des Grand Combin schliesslich schafft die Künstlerin eine Verbindung zur Cabane du Mont Fort, von wo aus dieser Berg ebenfalls zu sehen ist. Zeigt sich dort das stark vergletscherte Bergmassiv allerdings in seinen imposanten Ausmassen (4314 m), lassen sich diese Dimensionen von Cully aus kaum erahnen.

In ihrer Einfachheit vermag Ariane Epars' Intervention mit dem vielschichtigen Titel *Point de vue* weitreichende Bezüge zu schaffen, die von Aspekten der Wahrnehmung und Fragen des Betrachterstandorts bis hin zu den Genferseelandschaften Ferdinand Hodlers und damit der Tradition der Schweizer Landschaftsmalerei reichen. Doch der Holzstempel allein wäre wie eine Partitur ohne Musiker. Es braucht den Hüttenbesucher, der Ansichtskarten kauft, diese stempeln lässt und in alle Himmelsrichtungen verschickt. Die gestempelte Linie lässt ihren eigenen Horizont hinter sich.

Andreas Fiedler

Ariane Epars

Point de vue

Certains randonneurs en font la collection, pour les grimpeurs c'est une preuve qu'ils sont bien passés par la cabane, les promeneurs d'un jour achètent volontiers ces cartes postales qui portent au dos l'une de leurs empreintes exclusives et décoratives: les tampons de cabane ont une longue tradition et continuent, aujourd'hui encore, d'être utilisés dans de nombreuses cabanes du CAS. Pour le projet artistique de ce dernier, Ariane Epars inscrit subtilement son intervention dans ces structures que l'histoire a forgées. L'artiste a créé un tampon dont la largeur de 14 cm est inhabituelle et qui, durant tout l'été, sera en usage dans les cinq cabanes participant au projet.

Adoptant une démarche patiente et attentive, Ariane Epars a développé un motif de tampon réduit à seulement deux lignes. Ce signe graphique élémentaire évoque immédiatement la vision d'une ligne d'horizon et partant, l'idée d'un paysage de montagne. La ligne supérieure, aux courbes irrégulières et en partie dentée, ne laisse guère planer de doute chez l'observateur: ce signe montre un panorama – mais lequel?

Chacune des cinq cabanes offre une vue impressionnante sur une chaîne de montagnes, mais en comparant ces panoramas avec le tracé des lignes d'Ariane Epars, on comprend tout de suite qu'ils ne concordent absolument pas. Pour son tampon, l'artiste a plutôt choisi un sujet que, de son domicile personnel à Cully, elle a tous les jours sous les yeux: le spectacle des Alpes valaisannes, par-delà le lac Léman, du côté de l'embouchure du Rhône. Sur le motif du tampon, qui reproduit exactement le tracé de ce panorama, on discerne, par exemple, le Grand Muveran, puis à proximité immédiate, le Petit Muveran, bien reconnaissable, ou les Dents de Morcles. Enfin, en dessinant nettement les contours du Grand Combin sur le bord droit du tampon, l'artiste établit un lien avec la cabane du Mont Fort, d'où l'on peut également voir ce sommet. Si ce massif montagneux et son glacier sont visibles de la cabane dans toute leur immensité (4314 m), de Cully en revanche, on peut à peine en deviner les dimensions.

Dans sa simplicité, l'intervention d'Ariane Epars, au titre ambigu de *Point de vue,* parvient à instaurer une multiplicité de correspondances, allusions aux questions de perception et de perspective ainsi qu'aux paysages du lac Léman peints par Ferdinand Hodler et donc, à la tradition de la peinture de paysages suisse. Pourtant le tampon de bois, à lui seul, ne serait qu'une partition sans musicien. Il a besoin du visiteur de la cabane qui achète la carte postale, la fait tamponner et l'envoie aux quatre coins du monde. La ligne estampillée abandonne alors son propre horizon derrière elle.

Andreas Fiedler

ARIANE EPARS_POINT DE

09

Geneviève Favre Petroff

Geboren 1978 in Lausanne / *née en 1978 à Lausanne*
Geneviève Favre Petroff lebt in Bournens / *vit à Bournens*

Einzelausstellungen (Auswahl)
Expositions individuelles (sélection)
2008, Electra's World, Galerie Synopsis M Lausanne; 2008, Electra's Call, Nordbrücke Zürich; 2007, Canon, Studio des Nouveaux Monstres Contexte Silo Renens; 2006, Meditations, Galerie Imoberdorf Murten

Gruppenausstellungen (Auswahl)
Expositions collectives (sélection)
2008, Fertiles Différences, Galerie Analix Forever Genève; 2008, Lasciami. 10e triennale de sculpture contemporaine suisse en plein air, Bex; 2007, Der längste Tag. 16-stündige Non-Stop-Performance, Kunsthof Zürich; 2007, Art en plein air, Môtiers

Preise und Stipendien (Auswahl)
Prix et bourses d'études (sélection)
2003 Providentia Young Art; 2002 Atelier Cité Internationale des Arts Paris; 2001 Kantonaler Kunstpreis Genf; 2000 Swiss Art Award

Bibliografie (Auswahl)
Bibliographie (sélection)
Môtiers 2007. Art en plein air, Môtiers 2007; perforum.ch (Hg.), Human Performance. Essays zur Schweizer Performance Kunst der 90er Jahre, Bern 2004; In diesen Zeiten c'est le moment, Centre PasquArt Bienne, Zürich 2003

www.genevievefavrepetroff.ch

Titel / *Titre:*
Chœur des Alpes
Jahr / *Année:* 2009
Materialien:
5 Köpfe aus Kunstharz, Holzsockel, musikalische Komposition
Matériaux:
5 têtes de résine, socles de bois, composition musicale (voix et électronique)
Dimensionen / *Dimensions:*
2 m × 2 m × 1 m

Geneviève Favre Petroff

Chœur des Alpes

Was für eine Begrüssung! Nach dem Aufstieg zur Cabane du Mont Fort wird der Besucher vom *Chœur des Alpes* – so der Titel der Klanginstallation von Geneviève Favre Petroff – willkommen geheissen. Die stilisierten Köpfe eines Murmeltiers, eines Steinbocks, einer Eringer Kuh, eines Steinadlers und eines Wolfs sind auf unterschiedlich hohen Holzsockeln montiert und bilden zusammen den Chor.

Der experimentelle Charakter der vokalen Improvisationen in *Chœur des Alpes* ist eine Konstante, die in zahlreichen Arbeiten im öffentlichen Raum und Performances der Künstlerin vorkommt und immer auch ein spielerisches Element beinhaltet: Was sich in einer Arbeit zu einem polyfon umgesetzten Zwiegespräch entwickelt, wird bei einer anderen zur Komposition, die den Besucher mit Aussagen oder Fragen konfrontiert. Nicht selten findet das musikalische Stück seine visuelle Entsprechung in einer effektvollen Lichtinstallation.

Die aus Kunstharz modellierten Tierköpfe sind Nachbildungen des Porträts von Favre Petroff. Jedoch lassen einzelne Merkmale – die Ohren eines Wolfs, die Hörner des Steinbocks oder die pechschwarzen Knopfaugen des Murmeltiers – das menschliche zum tierischen Abbild werden. Aus den weit offen stehenden Mündern der Masken ertönen die Imitationen ihres tierischen Lauts, die zu fünfstimmigen Stücken arrangiert worden sind. Diese rund 35 Improvisationen von jeweils einer Minute Dauer werden mittels elektronischer Steuerung nach dem Zufallsprinzip abgespielt. Je nachdem, wie lange der Besucher vor der Klanginstallation verweilt, entsteht ein kürzeres oder längeres, jedes Mal aber einzigartiges Musikstück. Einerseits sind dies Improvisationen, deren prägnante Aussagen, wie beispielsweise «C'est beau d'être ici» oder «Où s'en va la glace de vos glaciers?», nicht nur die Schönheit der Berglandschaft, der Flora und Fauna preisen, sondern ebenso auf die schleichenden Zerstörungen derselben aufmerksam machen. Demgegenüber betonen jene Kompositionen, die sowohl von den typisch schweizerisch folkloristischen Chorgesängen als auch von klassischer Musik beeinflusst sind, die meditativen Qualitäten der Musik.

Favre Petroff lotet in den Improvisationen die gesamte Breite von Tönen und Schattierungen ihrer Stimme aus: Das Murmeltier quietscht in solch hohen Tonlagen, dass die Stimme fast bricht, der Laut der Kuh ist wiederum so tief, dass es scheint, als ob die Künstlerin ihn aus sich herauspressen müsse, und die mittlere Stimmlage des Adlers vermag den Zuhörer in luftige Höhen zu entführen.

Selma Käppeli

Geneviève Favre Petroff

Chœur des Alpes

Quel accueil ! A peine le promeneur a-t-il accompli l'ascension à la cabane du Mont Fort que le *Chœur des Alpes* – c'est le titre de l'installation sonore de Geneviève Favre Petroff – lui souhaite la bienvenue. Les têtes stylisées, rappelant une marmotte, un bouquetin, une vache d'Hérens, un aigle royal et un loup, et montées sur des socles de bois de différentes hauteurs, forment le chœur.

Les improvisations vocales du *Chœur des Alpes* ont un caractère expérimental : c'est une constante que l'on retrouve dans plusieurs travaux dans l'espace public et performances de l'artiste, et qui implique toujours un élément ludique. Elle se développe, dans certains travaux, pour aboutir à un dialogue transposé en polyphonie, dans d'autres en composition qui confronte le visiteur à des affirmations ou des questions. Et il n'est pas rare que le morceau de musique trouve son pendant dans une spectaculaire installation lumineuse.

Les têtes d'animaux, modelées en résine synthétique, reproduisent le portrait de Geneviève Favre Petroff. Toutefois certains attributs – les oreilles du loup, les cornes du bouquetin ou les yeux de la marmotte qui ressemblent à des billes de jais – transforment ce portrait humain en effigie animale. Les bouches largement ouvertes des masques font entendre des imitations de cris d'animaux, arrangés en compositions à cinq voix. Les quelque trente-cinq improvisations d'environ une minute sont jouées selon un principe aléatoire, grâce à un pilotage électronique. En fonction du temps que le visiteur passe devant l'installation sonore, le morceau de musique est plus ou moins long, mais chaque fois il est unique en son genre. D'une part ces improvisations, avec des déclarations aussi marquantes que « C'est beau d'être ici » ou bien « Où s'en va la glace de vos glaciers ? », vantent les beautés du paysage, de la flore et de la faune, mais attirent également l'attention sur leur destruction insidieuse. D'autre part, les compositions, inspirées de chansons folkloriques chorales, typiquement suisses, mais aussi de morceaux de musique classiques, soulignent les qualités méditatives de la musique.

Geneviève Favre Petroff explore, dans ses improvisations, l'étendue entière des sons et des couleurs de sa voix : la marmotte siffle dans un registre si aigu que sa voix s'en brise presque, la vache a une voix si basse qu'on a l'impression que l'artiste a dû l'arracher à ses cordes vocales, quant au registre moyen de l'aigle, il entraîne l'auditeur vers des hauteurs vertigineuses.

Selma Käppeli

Peter Regli

Geboren 1959 in Andermatt / *né en 1959 à Andermatt*
Peter Regli lebt in Zürich / *vit à Zurich*

Einzelausstellungen (Auswahl)
Expositions individuelles (sélection)
2007, Same Same – But Different, Helmhaus Zürich; 2006, Dust to Dust, Blank Projects Südafrika; 2004, RH No. 221, Kunsthof Zürich; 2003, RH No. 202, Centre d'art contemporain Genève

Gruppenausstellungen (Auswahl)
Expositions collectives (sélection)
2009, Utopics, 11. Schweizerische Plastikausstellung Biel; 2008, Asia to Asia, Nanjing Triennale China; 2007, Expériences insulaires, Galerie Le Crédac, Ivry-sur-Seine; 2006, In den Alpen, Kunsthaus Zürich

Preise und Stipendien (Auswahl)
Prix et bourses d'études (sélection)
2004 Prix Meret Oppenheim; 2004 Förderpreis der Burgauer Stiftung; 2003 Leistungspreis der Hochschule für Gestaltung und Kunst Zürich; 2003 Stipendium für bildende Kunst der Stadt Zürich

Bibliografie (Auswahl)
Bibliographie (sélection)
Reality Hacking 256 – 001, Helmhaus Zürich, Zürich 2007; Buenos días Santiago – Une exposition comme expédition, Museo de Arte Contemporáneo de Santiago de Chile, Genève 2006; Late Shift. Kunst als symbolisches Terrain zwischen Schichtarbeit und Fitnesspark, Puls 5 Zürich, Zürich 2006

www.realityhacking.com

Titel / *Titre :*
Reality Hacking No. 271
Jahr / *Année :* 2009
Materialien:
50 Schweizer Bergkristalle
Matériaux :
50 cristaux de roche de Suisse
Dimensionen / *Dimensions :*
variabel / *variables*

Peter Regli

Reality Hacking No. 271

«Reality Hacking» – so bezeichnet Peter Regli jeweils seine Interventionen, die er meist unangekündigt und anonym im öffentlichen Raum realisiert. Alle bisherigen Projekte sind unter www.realityhacking.com chronologisch geordnet und dokumentiert. Viele seiner Eingriffe und Aktionen bleiben nicht innerhalb der strukturellen Vorgaben des Kunstbetriebs, wo Partizipationsangebote oft nur einen sehr begrenzten Wirkungskreis entfalten können. Meist entziehen sie sich einer inszenierten Öffentlichkeit und deren Erwartungshaltung, verschwinden wieder oder werden sich selbst überlassen. Drei Beispiele:

Reality Hacking No. 176:
Als Passagier fuhr Peter Regli Ende Februar 2000 mit einem Containerschiff über den Atlantik. Während der sechstägigen Überfahrt von Nordamerika nach Europa warf er alle sechs Stunden eine Flaschenpost über Bord. Jede Flasche enthielt einen Geldschein mit der Adresse des Künstlers. Bis heute hat sich noch niemand gemeldet.

Reality Hacking No. 187:
In Le Lignon, einer der grössten städtischen Wohnsiedlungen der Schweiz, wurden am 10. Juni 2001 kommentarlos 8000 rote Clownnasen in die Briefkästen der 2780 Wohnungen gelegt.

Reality Hacking No. 236:
Von einem Schiff, das vor dem Kap der Guten Hoffnung gesunken war, stammt jene Schiffsglocke, die der Künstler im November 2006 an eine Metallstange montierte. Die Glocke wurde dann mitten in einem Trockensee eines Wüstengebiets in Südafrika einbetoniert und zurückgelassen.

Im Rahmen des SAC-Kunstprojekts hat der Künstler für die Cabane du Mont Fort *Reality Hacking No. 271* entwickelt und realisiert. Ganz im Sinne seiner Arbeitsweise gab es bis zum Erscheinen der vorliegenden Publikation keine Informationen dazu. Noch vor Beginn der Sommersaison 2009 verteilte Peter Regli in der Umgebung der Hütte 50 Bergkristalle unterschiedlicher Grösse und Kostbarkeit. Alle vom Künstler gekauften und nun wieder in die Berge getragenen Kristalle stammen aus anderen Gegenden der Schweiz, zum Beispiel dem Gotthardmassiv.

Das lange Geheimhalten war für die Intervention von grundsätzlicher Bedeutung. Auf diese Weise wurde während rund zweier Monate das gezielte Suchen nach Bergkristallen verhindert. Vielmehr blieb es dem Zufall überlassen, welche Hüttenbesucher auf einen Kristall stiessen. Die stolzen Finder dürften sich eigene Vorstellungen darüber gemacht haben, wie der Kristall an diesen Ort kam. Und so entwickeln sich schliesslich Geschichten … Mit *Reality Hacking No. 271* setzte Peter Regli funkelnde Fragezeichen in die Umgebung der Cabane du Mont Fort – einzelne Finder machen mit ihren Behauptungen daraus vielleicht Ausrufezeichen.

Andreas Fiedler

Peter Regli

Reality Hacking No. 271

Reality Hacking – c'est ainsi que Peter Regli nomme les interventions qu'il réalise dans l'espace public, la plupart du temps sans prévenir et dans l'anonymat. Tous les projets élaborés jusqu'à présent peuvent être consultés à l'adresse www.realityhacking.com, où ils sont classés par ordre chronologique et documentés. Les interventions et les actions de Peter Regli échappent aux principes structurant le monde de l'art où les offres de participation ne peuvent s'épanouir et produire d'effet que dans certaines limites. La plupart se dérobent à toutes les mises en scène publiques et aux attentes qu'elles pourraient susciter. Nombre d'entre elles disparaissent ou sont abandonnées à elles-mêmes. Trois exemples :

Reality Hacking No. 176
Fin février 2000, Peter Regli s'est embarqué comme passager sur un navire porte-conteneurs, pour traverser l'Atlantique. Durant le voyage de six jours qui l'a amené de l'Amérique du Nord à l'Europe, il a jeté toutes les six heures une bouteille à la mer. Chacune d'entre elles contenait un billet de banque et l'adresse de l'artiste. Jusqu'à présent, personne ne s'est encore manifesté.

Reality Hacking No. 187
Au Lignon, l'une des cités urbaines les plus importantes de Suisse, le 10 juin 2001, 8000 nez de clown rouges ont été distribués, sans commentaire, dans les boîtes aux lettres des 2780 appartments.

Reality Hacking No. 236
C'est d'un navire qui s'est abîmé au large du Cap de Bonne-Espérance que provient la cloche de bateau que l'artiste a montée sur une barre de métal en novembre 2006. La cloche a ensuite été encastrée dans du béton et installée en plein milieu d'un lac asséché, dans une région désertique d'Afrique du Sud.

Dans le cadre du projet artistique du CAS, l'artiste a élaboré et réalisé *Reality Hacking No. 271* pour la cabane du Mont Fort. En accord avec sa méthode de travail, aucune information n'a été communiquée sur cette œuvre jusqu'à la parution du catalogue d'exposition. Avant que ne débute la saison d'été 2009, Peter Regli avait déjà distribué dans les environs de la cabane cinquante cristaux de roche, de tailles et de valeurs variables. Tous achetés par l'artiste et rendus à la montagne, les cristaux proviennent d'autres régions de Suisse, par exemple du massif du Gothard.

Il était de la plus haute importance pour l'intervention de l'artiste que le secret soit bien gardé aussi longtemps que possible. On évitait ainsi, durant près de deux mois, que les gens partent à la recherche des cristaux, et on pouvait s'en remettre au hasard pour y conduire plus tard l'un ou l'autre des visiteurs de la cabane. Les dénicheurs pourraient alors se laisser aller aux conjectures, essayer d'expliquer comment le cristal était arrivé en ce lieu et inventer ainsi leurs propres histoires … *Avec Reality Hacking No. 271,* Peter Regli a parsemé les environs de la cabane du Mont Fort de scintillants points d'interrogation – que, par leurs hypothèses, les découvreurs transformeront en points d'exclamation.

Andreas Fiedler

Judith Albert

San Carlo di Monte Grande

Seite 130 ff. / *page 130 sqq.*

Yves Netzhammer

Windlandschaften

Seite 178 ff. / *page 178 sqq.*

Wildstrubelhütte, 2791 m

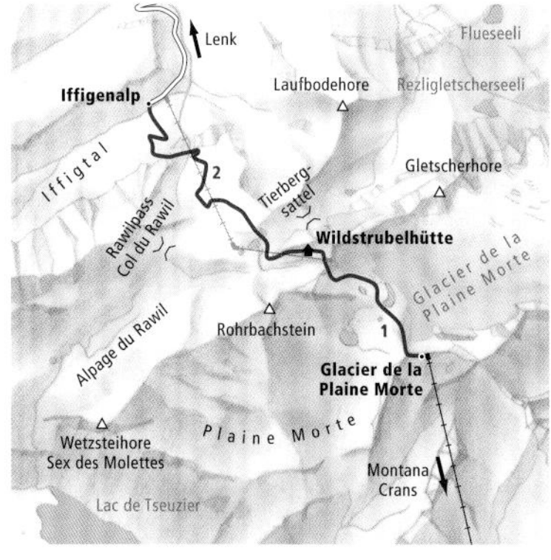

Situation:	entre La Lenk (BE) et Crans-Montana (VS)
Cartes:	1266 Lenk, 263 Wildstrubel
Propriété:	SAC Kaiseregg, SAC Wildhorn
Places:	70
Téléphone:	033 744 33 39
Gardiens:	Margreth et Heinz Steiger Gardiennage continu de fin juin à mi-octobre environ, demi-pension possible
Info:	www.wildstrubelhuette.ch

1 | difficile T3 | 1:00 | ↗ 150 m | ↘ 240 m

De la gare de Montana (funiculaire depuis Sierre) prendre les télécabines menant par Les Marolires et la cabane des Violettes CAS à la station terminale du glacier de la Plaine Morte (2882 m). De là, un chemin caillouteux mène à la cabane en passant à côté de la Plaine Morte glaciaire, puis par le petit col de la Weisshornlücke d'où il descend en pente raide (souvent enneigée au début de l'été) vers la cabane.

2 | difficulté moyenne T2 | 3:30 | ↗ 1220 m

De la gare de La Lenk, une ligne de bus privée permet d'atteindre l'Iffigenalp (1584 m, restaurant). Le sentier de montagne balisé commence juste derrière en pente raide, traversant une paroi rocheuse, pour atteindre la Blattihütte. Le terrain devient alors plus accueillant, et le chemin conduit aux Rawilseeleni par le lieudit Stiereläger. Un dernier vallon caillouteux conduit ensuite à la cabane.

Activités

- Vue imprenable de la cabane sur le soleil couchant
- Excursion au bord de la grande étendue glaciaire de la Plaine Morte (T3, A/R 1 h)
- Excursion à la plaine marécageuse du côté valaisan du col du Rawil (T2, A/R 2 h)
- Randonnée au lac de Tseuzier (barrage du Rawil) par le col du Rawil (T2, 3 h)
- Randonnée vers La Lenk et les Simmenfälle par la brèche Tierbergsattel et le Flueseeli (T3, 4½ h)

George Steinmann

Monica Studer/Christoph van den Berg

Judith Albert

Ariane Epars

Yves Netzhammer

Markus Schwander

Lage: zwischen Lenk (BE) und Crans-Montana (VS)
Karten: 1266 Lenk, 263 Wildstrubel
Eigentum: SAC Kaiseregg, SAC Wildhorn
Schlafplätze: 70
Telefon: 033 744 33 39
Hüttenwarte: Margreth und Heinz Steiger
Von Ende Juni bis Mitte Oktober durchgehend bewartet, Halbpension erhältlich
Info: www.wildstrubelhuette.ch

1 anspruchsvoll T3 ⌚ 1:00 ↗ 150 Hm ↘ 240 Hm

Vom Bahnhof Montana (Standseilbahn ab Sierre) mit den Bergbahnen via Les Marolires und Cabane des Violettes (SAC-Hütte) zur Bergstation Glacier de la Plaine Morte (2882 m). Von hier führt ein gerölliger, manchmal steiniger Bergweg an der vergletscherten Plaine Morte vorbei über die Weisshornlücke (steil, im Frühsommer oft Schneefelder) zur Hütte.

2 mittelschwer T2 ⌚ 3:30 ↗ 1220 Hm

Vom Bahnhof Lenk mit privatem Linienbus zur Iffigenalp (1584 m, Gasthaus). Gleich dahinter steigt der markierte Bergweg steil an, zum Teil durch eine Felsflanke, zur Blattihütte. Weiter über nun sanfteres Gelände via Stiereläger zu den Rawilseeleni. Eine letztes, gerölliges Tälchen führt schliesslich zur Hütte.

Aktivitäten

- Unverstellter Blick von der Hütte Richtung Sonnenuntergang
- Ausflug zum Rand der weiträumigen Gletscherfläche der Plaine Morte (T3, hin und zurück 1 Std.)
- Ausflug zur Schwemmebene auf der Walliser Seite des Rawilpasses (T2, hin und zurück 2 Std.)
- Wanderung via Rawilpass zum Lac de Tseuzier/Barrage du Rawil (T2, 3 Std.)
- Wanderung via Tierbergsattel und Flueseeli nach Lenk/Simmenfälle (T3, 4½ Std.)

Un environnement âpre et fascinant

Tout le monde ne connaît pas le nom de Rawil : ce col à 2429 mètres d'altitude permet de traverser les Alpes bernoises de La Lenk à Crans-Montana. Il serait certainement aussi connu du grand public que les Lötschberg, Seelisberg et Vereina si s'était réalisée la liaison routière prévue dans le réseau des routes nationales, qui devait par un tunnel de 10 kilomètres constituer le plus court trajet entre le Plateau suisse et le Valais central. Des difficultés géologiques inattendues, auxquelles des manœuvres politiques firent un puissant écho, causèrent l'abandon du projet au début des années 1980. Soulagé de ces conspirations de sapeurs, le col est demeuré ce qu'il avait toujours été : un superbe chemin pédestre frayant son parcours à bonne distance des zones habitées qu'il dessert.

De récentes découvertes archéologiques ont montré que la région était fréquentée depuis longtemps déjà : on a trouvé au Schnidejoch et au Tierbergsattel, deux passages situés à proximité, des objets attestant la présence de chasseurs-cueilleurs dès la plus haute Antiquité (jusqu'à 6500 ans avant le temps présent). Le paysage aux alentours du Rawil et de la Wildstrubelhütte donne aussi une impression archaïque. Dans ces solitudes glacées, l'œil se nourrit de nombreux détails n'apparaissant qu'à la faveur d'une longue contemplation: les sols ridés de roche karstique, la végétation rare et les fleurs en bouquets denses évoquant la soif du désert. Ce n'est pourtant pas l'eau qui manque, de ruisseaux en marais contrastant avec l'âpreté de l'environnement rocheux. Ils confèrent aussi un charme particulier à la visite de la Wildstrubelhütte. De celle-ci, on peut sans grand effort ni danger visiter les trésors du voisinage : les trois Rawilseeleni, la plaine marécageuse du côté valaisan, les lacs situés à l'est du Rohrbachstein et la grande surface glaciaire de la Plaine Morte, mais aussi les innombrables petits lacs temporaires que l'on peut admirer au printemps en sachant qu'on les cherchera vainement à l'automne.

L'impression d'archaïsme est confortée par la montagne au pied de laquelle se trouve la Wildstrubelhütte, le Rohrbachstein. On pourrait croire à une «Butte», une de ces montagnes tabulaires de la Monument Valley d'Amérique du Nord. Cette étrange enclume d'un autre temps, d'apparence inaccessible, se dresse sur un amas d'éboulis. Un autre sommet domine la cabane, le Weisshorn dont la croupe hérissée d'antennes et autres installations très secrètes doit échapper à tout regard autre que militaire. Un peu plus loin et invisible de la cabane, le sommet qui lui a donné son nom : le Wildstrubel. C'est, parmi les excursions de haute montagne des Alpes bernoises, l'une des plus faciles et des plus appréciées.

Ne manquez pas une visite à la Wildstrubelhütte, au centre d'un paysage superbe s'étendant du glacier de la Plaine Morte au col du Rawil, et même un peu plus loin.

Marco Volken

Faszinierende Kargheit

Zum geografischen Allgemeinwissen wird man den 2429 Meter hohen Rawilpass kaum zählen dürfen. Viel hätte allerdings nicht gefehlt, und der Name wäre heute so selbstverständlich wie Lötschberg, Seelisberg oder Vereina. Denn der Passübergang zwischen der Lenk und Crans-Montana war im Rahmen des Nationalstrassennetzes als wichtigste und schnellste Strassenverbindung ins (oder aus dem) Wallis vorgesehen, mit einem Scheiteltunnel von gegen 10 Kilometern Länge. Geologische Überraschungen und politische Unwägbarkeiten machten dem Vorhaben jedoch Anfang der Achtzigerjahre den Garaus, und so ist der Pass geblieben, was er schon immer war: ein aussergewöhnlich reizvoller, abgeschiedener Fussweg zwischen dem Wallis und der Ausserschweiz.

Dass die Gegend schon lange beliebt ist, zeigen archäologische Stätten am benachbarten Schnidejoch und am Tierbergsattel, deren bis zu 6500 Jahre alten Funde die sehr frühe Anwesenheit von Jägern und Sammlern belegen. Äusserst alt, ja archaisch wirkt auch die Landschaft rund um Rawil und Wildstrubelhütte. Einöden, die erst auf den zweiten Blick unzählige Details preisgeben, steinige Böden, alpines Karstgelände und Kare, sehr spärliche Vegetation: Man wähnt sich in einer Halbwüste, als würde sich kaum ein Wassertropfen hierher verlieren. Und doch stösst man immer wieder auf Gewässer, die mit der Umgebung stark kontrastieren – und die den besonderen Reiz eines Besuchs bei der Wildstrubelhütte ausmachen. Als besonders schöne Beispiele zu nennen wären da die drei Rawilseeleni, die Schwemmebene auf der Walliser Seite des Rawilpasses, die Seen östlich des Rohrbachsteins und die weite Gletscherfläche der Plaine Morte, aber auch die zahlreichen flüchtigen Tümpel, die man im Frühsommer bewundern und im Herbst vergeblich suchen wird.

Zum archaischen Eindruck trägt auch der eine Hausberg der Wildstrubelhütte bei, der Rohrbachstein. Wie ein «Butte», ein Tafelberg aus dem nordamerikanischen Monument Valley, ragt er aus einem Geröllgrat empor, scheinbar unbesteigbar, ein seltsamer Klotz aus einer anderen Zeit. Anders der zweite Hausberg der Hütte, das Weisshorn, dessen moderne Aufbauten, Antennen und Anlagen jedoch der militärischen Geheimhaltung unterliegen. Etwas weiter weg, und von der Hütte aus unsichtbar, liegt der namensgebende Gipfel, der Wildstrubel – eine der lohnendsten und beliebtesten unter den einfachen Hochtouren der Berner Alpen.

Das ist also die Wildstrubelhütte: ein Landschaftserlebnis, das sich vom Glacier de la Plaine Morte bis zum Rawilpass und ein bisschen weiter erstreckt.

Marco Volken

George Steinmann

Geboren 1950 in Bern / *né en 1950 à Berne*
George Steinmann lebt in Bern / *vit à Berne*

Einzelausstellungen (Auswahl)
Expositions individuelles (sélection)
2008, Mittendrin am Rande, Galerie Heike Strelow Frankfurt a.M.; 2007, Blue Notes, Helmhaus Zürich; 1999–01, Metalog, Max-Planck-Institut für molekulare Zellbiologie und Genetik Dresden; 1992–95, Ruumi naasmine, Kunsthalle Tallinn Estland

Gruppenausstellungen (Auswahl)
Expositions collectives (sélection)
2008, Art as Research, Villa Elisabeth Berlin; 2003, Danger Zone, Kunsthalle Bern; 2002, Ecovention. Current Art to Transform Ecologies, Contemporary Arts Center Cincinnati; 1996–97, Strangers in the Arctic, Rundetoorn Kopenhagen, Museum of Contemporary Art Helsinki, Art Gallery of Ontario Toronto

Preise und Stipendien (Auswahl)
Prix et bourses d'études (sélection)
2001 Prix Meret Oppenheim; 1996 Kristjan Raud Award Estland; 1988, 1999 Aeschlimann-Corti Stipendium; 1989, 1990 Eidgenössisches Kunststipendium

Bibliografie (Auswahl)
Bibliographie (sélection)
George Steinmann. Blue Notes, Helmhaus Zürich, Nürnberg 2007; George Steinmann (Hg.), Das Werk Saxeten – Eine wachsende Skulptur, Bern 2006; From-to-Beyond, Museum of Contemporary Art Helsinki, Art Gallery of Ontario Toronto, Bern 2000

www.george-steinmann.ch

Titel / *Titre:*
Interdependenz
Jahr / *Année:* 2008–2009
Materialien:
3 Postkarten, Postkartenständer
Matériaux:
3 cartes postales, tourniquet
Dimensionen / *Dimensions:*
Karten / *cartes postales:*
148 mm × 105 mm
Kartenständer / *tourniquet:*
2 m Höhe / *de hauteur*

George Steinmann

Interdependenz

Das Wildstrubelmassiv trennt nicht nur die Kantone Bern und Wallis, ist Sprachgrenze und eine historisch bedeutende Verkehrsroute zwischen Norden und Süden, sondern hier befindet sich auch eine wichtige Wasserscheide. Jener Ort also, an dem sich entscheidet, ob das Wasser in die nach Norden führende Simme oder gegen Süden in die Rhone abfliesst.

Der Titel *Interdependenz* der dreiteiligen Serie von Fotografien von George Steinmann spricht direkt auf die wechselseitigen Abhängigkeiten an: Die sich gegenseitig bedingenden Aggregatszustände des Wassers – in flüssigem, in gefrorenem und in kondensiertem Zustand – bilden die Motive der Fotografien und thematisieren unter anderem klimatische Bedingungen im Gebirge. «Interdependenz» ist ferner ein Begriff, der den künstlerischen Ansatz Steinmanns treffend beschreibt: Wenn er die Kunsthalle Tallinn in Estland während dreier Jahre renoviert und wieder zu einem repräsentativen Kunstraum macht, sind wechselseitige Abhängigkeiten ebenso zentral, wie wenn der Künstler in aufwendigen, mehrjährig entwickelten Destillationsverfahren Essenzen aus verschiedensten Mineralien und Pflanzen gewinnt und diese beispielsweise als Pigmente zur Färbung seiner Fotografien verwendet.

Obwohl sich die Serie hinsichtlich ihres Formats und der Präsentation nicht von herkömmlichen Postkarten und dem dazugehörenden Kartenständer unterscheidet, rückt Steinmann das Wildstrubelmassiv in ein ganz anderes Licht als das gewohnte: Kein eisigblauer Bergsee, keine unberührte Schneelandschaft und kein wattiges Nebelmeer sind als Motive abgebildet. Stattdessen werden Landschaften in solch zähen Nebel getaucht, dass nur mehr unheimliche Schemen wahrnehmbar sind, vom Wasser zerfressenes Gebirge und dicke Schnee- und Eisdecken, die den Boden seit Jahrhunderten erdrücken, zu ungewohnten Postkartensujets. Mit dem Vermerk der genauen Koordinaten auf der Kartenrückseite weist Steinmann zwar auf den eindeutigen Entstehungsort der jeweiligen Fotografie hin. Allerdings werden aufgrund des extrem fokussierten Bildausschnitts alle charakteristischen Merkmale aus dem Bild verbannt, sodass der Rückschluss auf den spezifischen Ort unmöglich ist. Handelt es sich tatsächlich um Aufnahmen des Wildstrubels? Oder stammen sie womöglich von einem ganz anderen, fernen Ort?

So werden Unschärfe und Ortlosigkeit zu einmaligen Postkartenimpressionen. Und auch wenn die drei Karten zunächst ein denkbar ungeeignetes Zeugnis des sonnigen Wanderausflugs zu sein scheinen – verschickt werden können die in tausendfacher Auflage vorhandenen Karten dennoch. Mit einem Griff in den Postkartenständer der Wildstrubelhütte.

Selma Käppeli

George Steinmann

Interdependenz

Le massif du Wildstrubel ne sépare pas seulement les cantons de Berne et du Valais, il n'est pas seulement une frontière linguistique et une voie de communication entre le Nord et le Sud à l'histoire remarquable, c'est aussi une ligne de partage des eaux importante. Un lieu donc où se décide si les eaux s'écouleront dans la Simme vers le nord ou dans le Rhône vers le sud.

La série tripartite des photographies de George Steinmann porte le titre *Interdependenz,* en référence directe à ces interdépendances: les états de l'eau – liquide, glacée, condensée –, qui se conditionnent l'un l'autre, servent de motifs aux photographies et abordent entre autres la question du climat en montagne. «Interdépendance»: voilà également une notion appropriée pour décrire la démarche artistique de Steinmann. Lorsqu'à Tallinn, en Estonie, l'artiste rénove la Kunsthalle pendant trois ans et la transforme en un nouvel espace d'art emblématique, la notion d'interdépendances est tout aussi centrale que lorsque, par un procédé complexe, dont l'élaboration a pris plusieurs années, il extrait des essences de divers minéraux et végétaux et s'en sert, par exemple, comme pigments pour teindre ses photographies.

Bien que, par son format et sa présentation, la série ne se distingue pas des traditionnelles cartes postales sur leur tourniquet, Steinmann pose un tout autre regard sur le massif du Wildstrubel que celui dont on a l'habitude: les cartes ne montrent ni lac de montagne bleu glacier ni champs de neige vierge ni mer de brouillard cotonneuse. En lieu et place, l'artiste prend pour insolites sujets de ses cartes postales des paysages plongés dans un brouillard si dense qu'on ne perçoit plus que des silhouettes sinistres, des roches rongées par l'eau et d'épaisses couches de neige et de glace qui étouffent le sol depuis des siècles. Certes, en indiquant les coordonnées exactes au dos des cartes, Steinmann attribue à chaque photographie un lieu de réalisation précis. Pourtant, le cadrage extrêmement serré des photos en élimine tous les signes distinctifs, rendant impossible une quelconque identification de ce lieu spécifique. S'agit-il vraiment de photographies du Wildstrubel? Ou ces vues proviennent-elles peut-être d'un autre endroit, plus lointain?

Ainsi, le flou et l'absence de repères se transforment en sujets de cartes postales – et même si, au premier abord, les trois cartes sont les témoins très improbables d'une randonnée ensoleillée, comme elles ont été tirées à plusieurs milliers d'exemplaires, on peut toutefois les envoyer. Il suffit de piocher sur le tourniquet de la Wildstrubelhütte.

Selma Käppeli

Monica Studer / Christoph van den Berg

Monica Studer geboren 1960 in Zürich / *née en 1960 à Zurich*
Christoph van den Berg geboren 1962 in Basel / *né en 1962 à Bâle*

Studer / van den Berg leben in Basel / *Studer/van den Berg vivent à Bâle*
Zusammenarbeit seit 1991 / *collaboration depuis 1991*

Einzelausstellungen (Auswahl)
Expositions individuelles (sélection)
2006, Studer/van den Berg, Frac Alsace Sélestat; 2006, Somewhere Else is the Same Place, Kunstmuseum Solothurn; 2005, Package Holiday, Baltic Centre for Contemporary Art Gateshead; 2003, A Walk, a Ride, a Lift, Villa Merkel Esslingen

Gruppenausstellungen (Auswahl)
Expositions collectives (sélection)
2009, Beyond the Picturesque, S.M.A.K. Museum of Contemporary Art Gent; 2007, In den Alpen, Kunsthaus Zürich; 2005, Der Berg, Weltausstellung, Schweizer Pavillon Aichi; 2004, Die Sehnsucht des Kartografen, Kunstverein Hannover

Preise und Stipendien (Auswahl)
Prix et bourses d'études (sélection)
2004 Zuger Kulturstiftung Landis & Gyr, Werksemester London; 2000 Swiss Art Award

Bibliografie (Auswahl)
Bibliographie (sélection)
Hans-Jörg Heusser und Kornelia Imesch, Art & Branding. Principles, Interaction, Perspectives, Zürich 2006; Christoph Vögele, Somewhere Else is the Same Place, Kunstmuseum Solothurn, Zürich 2005; Andreas Baur (Hg.), Being a Guest, Basel 2003

www.vuedesalpes.com

Titel / *Titre:*
Gleissenhorn Livecam

Jahr / *Année:* 2003–2009

Materialien:
PC, Software-Eigenentwicklung, Holz
Matériaux:
PC, logiciel, bois

Dimensionen / *Dimensions:*
variabel / *variables*

Monica Studer / Christoph van den Berg

Gleissenhorn Livecam

Es ist selbstverständlich geworden: Auf der Website einer Tourismusregion geben Panoramabilder Auskunft über landschaftliche Schönheiten und momentane Wetter- und Schneeverhältnisse. Verschiedene Livecams liefern topaktuelle Bilder vom Gipfel oder der Sesselliftstation – und jeder kann sich bei der Planung von Ausflügen selber ein Bild machen von den herrschenden Bedingungen und der Umgebung.

Eine Livecam ist auch Ausgangspunkt für die Intervention des Künstlerpaars Monica Studer/Christoph van den Berg in der Wildstrubelhütte. Die Kamera steht allerdings weder auf dem Wildstrubel (3243 m) noch auf dem benachbarten Wildhorn (3246 m), sondern in der Nähe des Gleissenhorns (3012 m). Von dieser Livecam stammen jene Bilder, die in der Hütte auf einem hinter einer Holzplatte installierten Monitor zu sehen sind. Durch ein Guckloch blickt man auf Felsrücken, Bergspitzen, Gletscher und eine Seilbahnstation. In einem 360°-Schwenk gleitet die Kamera langsam dem imposanten Bergpanorama entlang – der Betrachter taucht ein in die Welt von www.vuedesalpes.com ...

Ja, alles ist fiktiv. Die gesamte Szenerie rund ums Gleissenhorn ist ausschliesslich am Computer entstanden – und trotzdem kommt diese Welt dem Betrachter sehr bekannt vor. Die am Computer entwickelte alpine Landschaft enthält all jene Elemente, die uns von Postkarten, Werbeprospekten, Fotokalendern und Wanderführern so vertraut sind. Derartige Hochglanzbilder haben sich in unseren Köpfen als ästhetisch nivellierte Vorstellungen einer Berglandschaft festgesetzt und bilden beim Besucher der Website www.vuedesalpes.com einen Resonanzraum. Mit Hilfe von 3-D-Programmen und ohne jegliche Fotovorlagen entwickeln Studer/van den Berg eine digital generierte Bilderbuch-Landschaft mit Aussichtspunkten, Wanderwegen, Luftseilbahn und einem Hotel mit Zimmern, die für einen digitalen Urlaub gebucht werden können. Die Intervention in der Wildstrubelhütte besteht also aus einem Ausschnitt dieses umfassenden und sich seit bald zehn Jahren ständig erweiternden Internetprojekts: Die fiktive *Gleissenhorn Livecam* liefert in Echtzeit alle zehn Minuten wechselnde Bilder – mit neu berechneten Wetter- und Tageslichtsituationen jener Bergregion, die wir nur virtuell aufsuchen können.

Es ist eine Tatsache, dass wir immer mehr Informationen ausschliesslich aus Bildern beziehen. Der steigende Bilderkonsum führt zur beunruhigenden Frage, ob unsere Beurteilung der realen Welt nicht zunehmend auf der Ähnlichkeit basiert, die sie mit ihren Abbildern hat. In und vor der Wildstrubelhütte breitet sich je ein grandioses Panorama aus – und beide sind uns vertraut.

Andreas Fiedler

Monica Studer / Christoph van den Berg

Gleissenhorn Livecam

Il s'agit d'une évidence de nos jours : les sites Internet des régions touristiques diffusent des images panoramiques vantant les beautés du paysage et informant des conditions météorologiques, du temps et de l'enneigement. Diverses webcams livrent les images les plus actuelles du sommet ou de la gare de télésiège – et tout un chacun peut, lorsqu'il prépare une excursion, se faire une idée de la situation ambiante et des alentours.

Une webcam est aussi à l'origine de l'intervention du duo d'artistes Monica Studer/Christoph van den Berg dans la Wildstrubelhütte. La caméra ne se trouve toutefois pas sur le Wildstrubel (3243 m), et pas non plus sur le Wildhorn voisin (3246 m), mais à proximité du Gleissenhorn (3012 m). C'est de cette webcam que proviennent les images que l'on peut voir sur l'écran installé derrière une paroi de bois dans la cabane. Par une sorte de judas, on a vue sur des crêtes rocheuses, des pics, des glaciers et une station de téléphérique. Pivotant à 360°, la caméra embrasse l'imposant panorama montagneux – l'observateur plonge dans le monde de www.vuedesalpes.com…

Oui, tout cela est fictif. L'ensemble de ces décors plantés autour du Gleissenhorn a été entièrement créé sur ordinateur – ce qui n'empêche pas ce monde de sembler très familier aux spectateurs. Le paysage alpin, conçu par ordinateur, se compose de tous les éléments que les cartes postales, les prospectus de publicité, les calendriers photo et les guides de randonnée nous ont fait connaître. Ce genre d'images sur papier glacé, visions de paysages de montagne à l'esthétique uniforme, s'est ancré dans nos têtes, formant comme une caisse de résonnance chez le visiteur de www.vuedesalpes.com. A l'aide de programmes 3D, mais sans aucun modèle photographique, Studer/van den Berg confectionnent un paysage idéal comprenant des points de vue, des chemins de randonnée, un téléphérique et un hôtel où il est possible de réserver des chambres pour un séjour numérique. L'intervention des artistes dans la Wildstrubelhütte constitue donc un fragment de ce vaste projet Internet qui ne cesse de s'étendre depuis près de dix ans : la *Gleissenhorn Livecam* fictive livre, toutes les dix minutes en temps réel, de nouvelles images – changeant au gré des variations du temps et de la lumière du jour – de cette région que nous ne pourrons jamais visiter que virtuellement.

C'est un fait, ce sont de plus en plus souvent les images qui nous fournissent nos informations. Quand on voit le nombre d'images que nous consommons, on peut se demander si l'opinion que nous avons du monde réel ne dépend pas de plus en plus de sa ressemblance avec les images que nous en avons.
A l'intérieur et autour de la Wildstrubelhütte, se déploient deux panoramas majestueux – et tous les deux nous sont familiers.

Andreas Fiedler

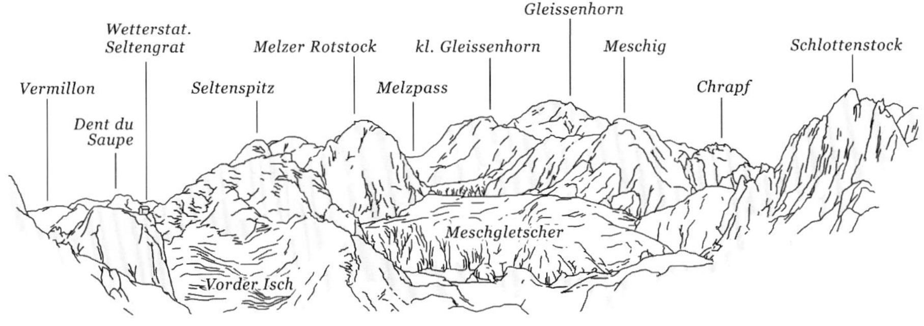
Gleissenhorn
Wetterstat.
Seltengrat
Melzer Rotstock
kl. Gleissenhorn
Meschig
Schlottenstock
Vermillon
Seltenspitz
Melzpass
Chrapf
Dent du
Saupe
Meschgletscher
Vorder Isch

Judith Albert

San Carlo di Monte Grande

Seite 130 ff. / *page 130 sqq.*

Ariane Epars

Point de vue

Seite 36 ff. / *page 36 sqq.*

Yves Netzhammer

Windlandschaften

Seite 178 ff. / *page 178 sqq.*

Markus Schwander

untitled, chewed, 26–28

Seite 146 ff. / *page 146 sqq.*

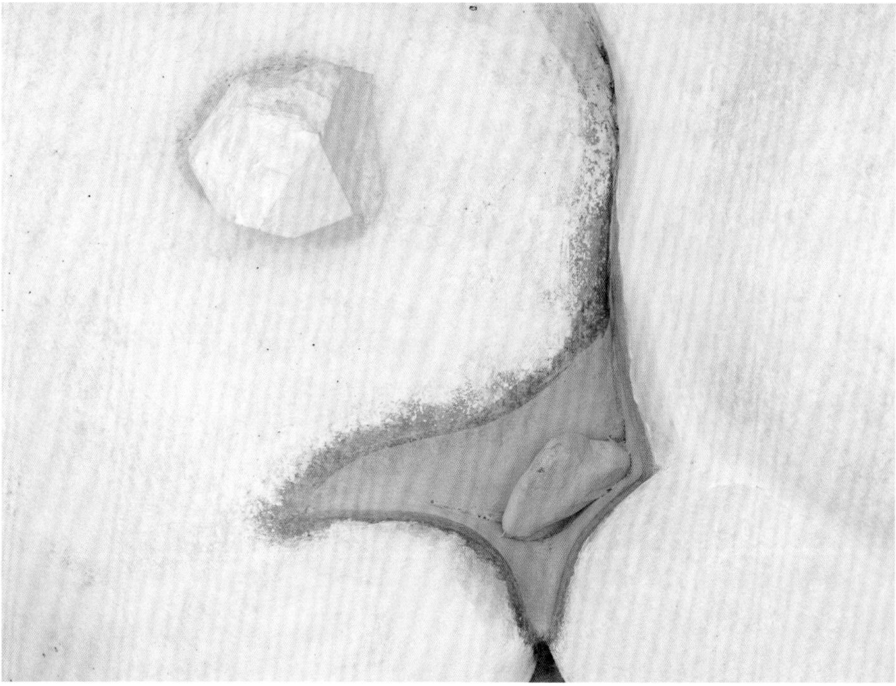

Eingang
Entrée
Entry

Capanna Basòdino, 1856 m

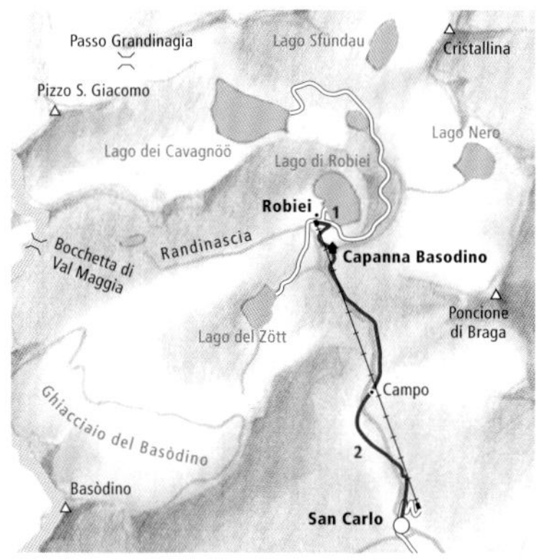

Situation:	val Bavona (valle Maggia, TI)
Cartes:	1271 Basòdino, 265 Nufenenpass
Propriété:	CAS Locarno
Places:	60
Téléphone:	091 753 27 97
Gardiens:	Marzia et Dario Martinoli Gardiennage continu de juin à début ou mi-octobre, demi-pension possible
Info:	www.cas-locarno.ch

1 facile T1 ⏲ 0:10 ↘ 40 m

De la gare de Locarno, bus et car postal via Bignasco jusqu'au terminus de S. Carlo dans le val Bavona (halte « stazione », peu de dessertes) puis téléphérique pour Robiei (1891 m). Suivre de là une petite route, utilisable aussi par les chaises roulantes ou avec des poussettes, en légère descente vers la proche cabane.

2 difficulté moyenne T2 ⏲ 2:45 ↗ 920 m

Comme l'accès 1 jusqu'à S. Carlo dans le val Bavona (halte « Ponte », 938 m, restaurant). Suivre la route vers l'amont jusqu'au premier virage en épingle à cheveux. L'itinéraire balisé quitte alors la route principale, suivant d'abord les nombreux virages d'une petite route puis un chemin longeant l'étroit val Bavona, par Campo, pour gagner la cabane.

Activités

- Alpage avec vente directe de fromage d'alpage et de sérac
- Belle promenade vers les vallons marécageux et les paysages rocheux de Randinascia (T2, A/R environ 2 h)
- Randonnée de haute montagne au Basòdino (course alpine, passages de glacier et d'escalade)
- Traversée vers Ossasco dans le val Bedretto par la Capanna Cristallina CAS (T3, 5 h)
- Randonnée de plaine au long du val Bavona (T1-T2, villages de pierre authentiques, splendide décor de montagne. Grâce au car postal, la randonnée peut se faire en plusieurs étapes)

Bob **Gramsma**	Judith **Albert**
Reto **Rigassi**	Ariane **Epars**
Roman **Signer**	Yves **Netzhammer**

Lage: Val Bavona (Valle Maggia, TI)
Karten: 1271 Basòdino, 265 Nufenenpass
Eigentum: CAS Locarno
Schlafplätze: 60
Telefon: 091 753 27 97
Hüttenwarte: Marzia und Dario Martinoli
Von Juni bis Anfang/Mitte Oktober durchgehend bewartet, Halbpension erhältlich
Info: www.cas-locarno.ch

1 einfach T1 ⏲ 0:10 ↘ 40 Hm

Vom Bahnhof Locarno per Bus und Postauto via Bignasco zur Endstation S. Carlo im Val Bavona (Haltestelle «Stazione», nur wenige Kurse), dann mit Seilbahn zur Bergstation Robiei (1891 m). Von dort auf einem bequemen, auch für Kinderwagen und Rollstühle geeigneten Strässchen zur nahen Hütte hinab.

2 mittelschwer T2 ⏲ 2:45 ↗ 920 Hm

Wie beim Zugang 1 bis S. Carlo im Val Bavona (Haltestelle «Ponte», 938 m, Gasthaus). Auf der Strasse weiter bergwärts zur ersten Haarnadelkurve. Hier zweigt links der markierte Weg ab, der zuerst als Strässchen in vielen Kehren, dann als Bergweg via Campo durch das eingeschnittene Tal der Bavona zur Hütte führt.

Aktivitäten

- Alpbetrieb mit Direktverkauf von Alpkäse in Hüttennähe
- Lohnende Wanderung zu den Schwemmebenen und Felslandschaften von Randinascia (T2, hin und zurück ca. 2 Std.)
- Hochtour auf den Basòdino (Bergtour, Gletscher und Kletterpassagen)
- Überschreitung via Capanna Cristallina CAS nach Ossasco im Val Bedretto (T3, 5 Std.)
- Talwanderung durchs Val Bavona (T1–T2, intakte Steindörfer, eindrückliche Berglandschaft, dank Postauto auch Teiletappen möglich)

Le fond d'un vallon sauvage

On pourrait difficilement imaginer un accès plus charmant à la Capanna Basòdino qu'au départ du point le plus bas de Suisse, le lago Maggiore. De Locarno, on gagne à Ponte Brolla le verrou de la verdoyante valle Maggia. La rivière, finissant son cours dans une profonde gorge, a jusque-là frayé son passage entre pentes d'éboulis et hautes parois, déposant sur les bords de son lit le fertile tapis d'une plaine où l'agriculture a dessiné ses damiers. D'apparence calme, les eaux de la Maggia tiennent en réserve les pires colères que peuvent manifester les rivières de ce pays. La route atteint rapidement Cavergno, où l'on bifurque pour prendre à gauche le sillon du val Bavona. Ce val creusé par un ancien glacier est enfoncé entre des parois d'une impressionnante raideur. Sa largeur, excédant rarement quelques centaines de mètres, est à de nombreux endroits rétrécie par d'énormes éboulis. Une dense forêt laisse à intervalles réguliers la place à l'un des douze hameaux resserrés donnant un caractère si particulier à l'image de la vallée, que Patrimoine suisse a désignée « l'un des plus beaux paysages culturels de l'arc alpin ». Il n'est habité qu'à la belle saison.

La vallée se rétrécit encore après le dernier hameau, San Carlo, pour présenter un ressaut de presque mille mètres. Deux voies d'accès sont proposées ici : la plus ancienne, un chemin se faufilant dans la gorge, a durant des siècles permis d'atteindre les alpages de Robiei. Il subit aujourd'hui la concurrence d'un téléphérique permettant d'éviter élégamment les difficultés de l'antique montée. Il n'a qu'une seule cabine, dont la grande capacité donne à penser qu'il transporte des foules de touristes. Pourtant non : son principal utilisateur est la compagnie exploitant le potentiel hydroélectrique de plusieurs retenues naturelles et artificielles de la région de Robiei. Il vaut pourtant la peine d'emprunter le chemin pédestre pour profiter du panorama offert lorsque l'on sort du val Bavona sur le vaste plateau où s'enracinent le Basòdino et le Cristallina. La montée parfois raide se termine par une arête où nous attend le chaleureux accueil de la Capanna Basòdino. De sa terrasse, le regard plonge sur l'étroite vallée d'où nous sommes venus. Ce que l'on en voit fait penser à l'entrée d'une forêt vierge, où toute trace humaine serait absente. A l'exception un peu surréaliste d'un téléphérique planant de temps à autre sans bruit sous nos yeux. La Capanna Basòdino représente pour nous un des rares points de jonction de deux mondes et de deux époques, avec derrière nous, invisibles, ses installations fournissant l'énergie aux grandes villes, et devant nous le val Bavona qui n'a même pas voulu d'un raccordement au réseau électrique.

Marco Volken

Am Ende des wilden Tals

Er könnte kaum reizvoller sein, der Zugang zur Capanna Basòdino. Seinen Anfang nimmt er beim tiefsten Punkt der Schweiz, dem Lago Maggiore. Von Locarno geht es nach einer Talenge bei Ponte Brolla ins tiefgrüne Valle Maggia hinein. Dabei wird der Blick immer wieder frei auf die weiten Auen und Geröllbänke, durch die sich die Maggia ihren Weg sucht – ein vordergründig zahmer Fluss, der bei Hochwasser aber so stark anschwellen kann wie kein anderer Fluss der Schweiz. Nach einer Weile ist Cavergno erreicht, wo sich das Tal gabelt. Nach links geht es ins Val Bavona. Die Seitenwände dieses Trogtals, das einst von einem Gletscher ausgefräst wurde, sind von eindrücklicher Steilheit, der Talboden selten mehr als ein paar Hundert Meter breit und immer wieder von mächtigen Bergsturzkegeln unterbrochen. In regelmässigen Abständen taucht aus dem dichten Wald eine «Terra» auf, eine der insgesamt zwölf Siedlungen. Diese kompakt gebauten, nur im Sommer bewohnten Weiler bestechen durch ihre ausnehmend gut erhaltenen Ortsbilder. Der Schweizer Heimatschutz zählt das Val Bavona denn auch «zu den schönsten alpinen Kulturlandschaften des gesamten Alpenbogens».

Hinter dem letzten Weiler, San Carlo, verengt sich das Tal vollends und macht einen Satz von fast 1000 Höhenmetern. Zwei Wege führen hier weiter: ein alter Pfad, der sich durch die Schlucht schlängelt und vor Jahrhunderten zur Erschliessung der Alpen auf Robiei erstellt wurde, und eine moderne Seilbahn, die das schwierige Gelände elegant überwindet und angesichts der Kabinengrösse auf touristischen Rummel schliessen liesse. Dabei dient die Bahn in erster Linie den Bedürfnissen der Kraftwerke, die auf Robiei mehrere künstliche und natürliche Seen zur Stromproduktion nutzen. Den Fussweg zu nehmen, lohnt sich dennoch, da man nur so den Ausstieg aus dem wilden Val Bavona aufs weite Plateau am Fuss von Basòdino und Cristallina hautnah erlebt. Am Ende des zuweilen steilen Aufstiegs, auf einer letzten Geländekante, empfängt uns endlich die gastliche Capanna Basòdino. Von ihrer Terrasse aus können wir auf das enge Tal zurückblicken, aus dem wir eben gekommen sind und das von hier aus wie die Pforte zu einem Urwald ohne jegliche menschliche Spur aussieht – abgesehen von einer Seilbahn, die von Zeit zu Zeit lautlos und etwas surreal an uns vorbeischwebt. Dass hinter unserem Rücken, von der Hütte aus unsichtbar, Energie für die grossen Schweizer Städte gewonnen wird, während das Val Bavona vor uns freiwillig auf einen Anschluss ans Stromnetz verzichtet, macht die Capanna Basòdino zu einer merkwürdigen Nahtstelle zwischen den Welten und Zeiten.

Marco Volken

Bob Gramsma

Geboren 1963 in Uster / *né en 1963 à Uster*
Bob Gramsma lebt in Zürich und Reeuwijk, NL / *vit à Zurich et Reeuwijk, NL*

Einzelausstellungen (Auswahl)
Expositions individuelles (sélection)
2007, ChemicalMoonBABY, Villa Katrin Bechtler Zürich; 2005, Tanstaafl, Galerie Haswellediger & Co. New York; 2005, Local Aesthesia, Buena Vista Building, Art Basel Miami; 2004, New York–Berlin, Centre PasquArt Bienne (mit Schwinger/Moser)

Gruppenausstellungen (Auswahl)
Expositions collectives (sélection)
2008/09, Shifting Identities, Kunsthaus Zürich, Contemporary Art Center Vilnius; 2008, Brand-Stiftung, K3 Zürich; 2007, Une question de génération, Musée d'art contemporain de Lyon

Preise und Stipendien (Auswahl)
Prix et bourses d'études (sélection)
2003 P.S.1/MoMA, International Studio Program New York; 1998, 2000, 2001 Stipendien der Stadt Zürich; 1995, 1996, 2001 Swiss Art Award; 2001, 2002, 2007, Studien- und Werkbeiträge des Kantons Zürich; 1994, 1996, 1997, 1999, 2002, 2008 Stipendien und Werkbeiträge von Netherlands Foundation for Visual Arts, Design and Architecture, Amsterdam

Bibliografie (Auswahl)
Bibliographie (sélection)
Shifting Identities, Kunsthaus Zürich, Contemporary Art Center Vilnius, Zürich 2008; Bob Gramsma. Works 2003, Centre PasquArt Bienne, Zürich 2004; Bob Gramsma, Kunstverein Ulm, Nürnberg 2003

www.sikart.ch

Titel / *Titre:*
wandering mind, OI#09126

Jahr / *Année:* 2009

Materialien:
Balkongeländer, Farbe
Matériaux:
balustrade de balcon, peinture

Dimensionen / *Dimensions:*
100 cm × 230 cm × 120 cm

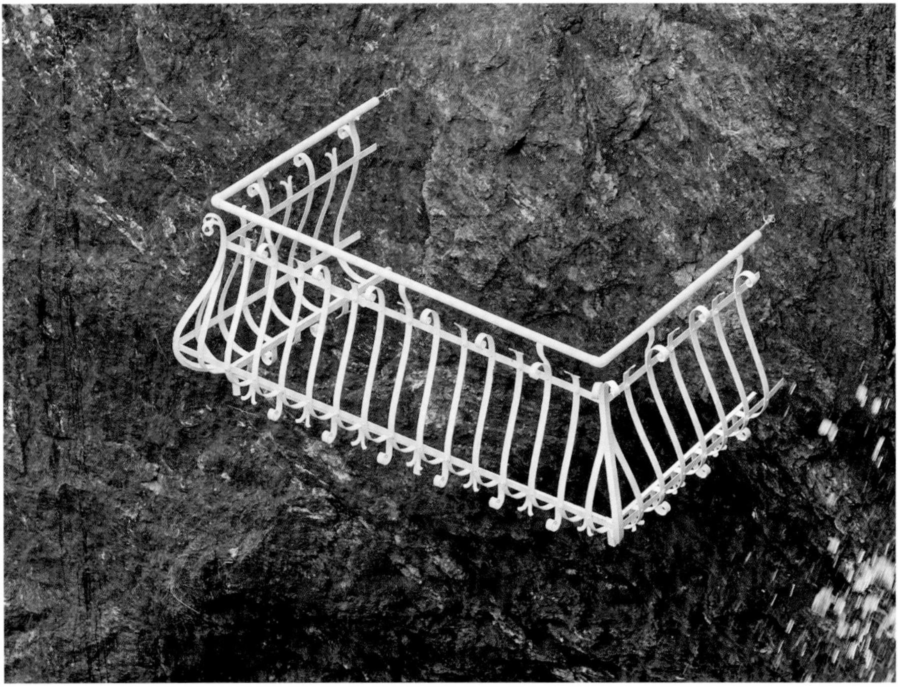

Bob Gramsma

wandering mind, OI#09126

Nicht weit von der Basòdinohütte entfernt, dort, wo das Flüsschen über eine Felskante stürzt, entdeckt man an einer unzugänglichen Stelle plötzlich ein Geländer, das offensichtlich von einem Balkon eines städtischen Hauses stammt. Es wurde von Bob Gramsma mithilfe der ARS-Rettungskolonne Locarno dort montiert. Der Zürcher Künstler arbeitet u.a. mit architektonischen Elementen, die er oft an ungewöhnlichen Orten einbaut. In früheren Arbeiten liess er beispielsweise einen mit einer Plexiglasplatte verschlossenen Treppenabgang aus Beton flossartig knapp unter der Wasseroberfläche im niederländischen Ijsselmeer schwimmen oder baute mit zehn Silos mitten in einer Waldlichtung eine Siedlung. Immer die ortsspezifischen Bedingungen berücksichtigend, untersucht Gramsma mit seinen Installationen die räumliche Wahrnehmung und verleiht sonst unbeachteten Räumen eine reale physische Existenz.

Das Balkongeländer am Felsen – ebenso seiner Funktion beraubt wie die Treppe im See – ist zunächst einmal nur noch ein Geländer. Ohne Boden über dem kleinen Wasserfall schwebend, bildet es nicht mehr die Grenze eines Balkons, wo es verhindern soll, dass man bei einem falschen Schritt auf die Strasse stürzt. Vielmehr definiert es an seinem neuen Ort einen Raum, der eigentlich immer existierte, vorher jedoch so noch nie als eigener Raum gesehen wurde. Durch die Montage des Geländers an diesem ungewöhnlichen Ort stellt der Künstler nicht die Frage, was Raum ist, sondern wie Raum gedacht wird. Er weist darauf hin, dass räumliche Grenzen verschiebbar, ständig in Bewegung und vor allem nicht immer wahrnehmbar sind, und betont, dass sich an ein und demselben Ort die verschiedensten Räume konstituieren und auch wieder auflösen können.

Das Geländer hebt aber nicht nur einen vom Künstler willkürlich ausgesuchten Raum hervor. Es tritt auch in Dialog mit den charakteristischen Merkmalen der Gegend rund um die Basòdinohütte. An exponierter Stelle über der Schlucht hängend, erinnert es an andere irritierende Elemente dieser Landschaft: die gewaltige Staumauer und die geheimnisvollen Türen hoch oben in den Felsen, welche die romantische Illusion der unberührten Bergwelt spätestens bei der Ankunft mit der Seilbahn in Robiei zerstört haben. Als ebenso fremdes wie poetisches Objekt ist das Balkongeländer in dieser gleichzeitig abgelegenen und eindrücklichen, aber auch von Zivilisationsspuren durchsetzten Gegend ein Verweis auf eine andere Welt. Es verändert unsere Wahrnehmung dieser Gebirgslandschaft und beflügelt die Fantasie.

Claudine Metzger

Bob Gramsma

wandering mind, OI#09126

Pas très loin de la Capanna Basòdino, là où le petit ruisseau s'élance de la paroi rocheuse, on découvre soudain, en un lieu inaccessible, une balustrade provenant de toute évidence d'un balcon urbain. Elle a été montée là par Bob Gramsma, secondé par la colonne de sauvetage du Secours Alpin Suisse Locarno. Dans son travail, l'artiste zurichois recourt, entre autres, à des éléments d'architecture qu'il installe dans les lieux les plus inhabituels. Pour ses travaux précédents, il a ainsi utilisé, dans le lac hollandais d'Ijsselmeer, un départ d'escalier en béton obturé par une plaque de plexiglas, qu'il a fait flotter comme un radeau, juste au-dessous du niveau de l'eau ; ou bien il a utilisé dix silos pour construire un lotissement en pleine forêt, dans une clairière. Cherchant toujours à s'adapter aux conditions du lieu, Gramsma explore la perception spatiale par ses installations et confère une existence physique réelle à des lieux autrement négligés.

La balustrade de balcon accrochée au rocher – tout aussi dépouillée de sa fonction que l'escalier dans le lac – n'est d'abord qu'une balustrade. Dépourvue de son palier, suspendue au-dessus de la petite cascade, elle n'est plus la limite d'un balcon qui aurait pour fonction d'empêcher le faux-pas et la chute dans la rue. A sa nouvelle place, elle définit plutôt un espace, qui en réalité existait déjà en cet endroit, mais qui, auparavant, n'était pas perceptible en tant que tel. En installant cette balustrade dans ce lieu extraordinaire, l'artiste ne pose pas la question de l'essence de l'espace, mais celle de la façon dont il est pensé. Il signale que les limites spatiales sont changeantes, en constant mouvement et surtout, souvent imperceptibles, et il souligne qu'en un seul et même endroit, les lieux les plus différents peuvent se constituer et se dissiper de nouveau.

La balustrade ne met pas seulement en relief un espace arbitrairement choisi par l'artiste. Elle engage un dialogue avec les attributs caractéristiques des environs de la Capanna Basòdino. Suspendue au-dessus de la gorge, dans cet endroit exposé aux regards, elle rappelle d'autres éléments déconcertants de ce paysage : l'imposant mur de barrage et les mystérieuses portes percées tout en haut du roc qui, au plus tard à l'arrivée par le funiculaire de Robiei, détruisent l'illusion romantique de l'intégrité du monde alpin. Objet étranger et poétique, la balustrade de balcon renvoie, dans ce lieu tout aussi isolé et prodigieux que marqué des stigmates de la civilisation, à un autre monde. Elle modifie notre perception de ce paysage de montagne et enflamme l'imagination.

Claudine Metzger

Reto Rigassi

Geboren 1951 in Basel / *né en 1951 à Bâle*
Reto Rigassi lebt in Auressio / *vit à Auressio*

Einzelausstellungen (Auswahl)
Expositions individuelles (sélection)
2006, Reto Rigassi, Fondazione Archivio Donetta Corzoneso; 2001, Regarder la science, Université C. Bernard Lyon, INSA Institut national des sciences appliquées de Lyon; 1989, Movente-luce, Museo Cantonale d'Arte Lugano

Gruppenausstellungen (Auswahl)
Expositions collectives (sélection)
2008, Helio, Photoforum Centre PasquArt Bienne; 2005, PHOTOsuisse, Istituto svizzero Rom; 1994, Photographie Nebensache: Knuchel-Rigassi-Spacek, Kunsthaus Zürich

Preise und Stipendien (Auswahl)
Prix et bourses d'études (sélection)
1989 Eidgenössisches Kunststipendium

Bibliografie (Auswahl)
Bibliographie (sélection)
Christian Eggenberger, Lars Müller (Hg.), PHOTOsuisse, Baden 2004; 5. Biennale SPSAS d'arte all'aperto: Arcangelo, Nagasawa, Perrin, Rigassi, Casa Rusca Cureglia, Milano 1999; Reto Rigassi. Movente-luce, Museo Cantonale d'Arte Lugano, Lugano 1989

www.sikart.ch

Titel / *Titre:*
Eroserose

Jahr / *Année:*
2009, Robiei / Val Bavona

Materialien: Japanpapier
Matériaux: papier japonais

Dimensionen / *Dimensions:*
10 Stücke, variable Grössen
10 pièces, dimensions variables

Tonaufnahme:
ca. 3 Minuten, Loop
Enregistrement sonore:
3 minutes env., en continu

Fr. 6.-
Frangelico

Reto Rigassi

Eroserose

Stein auf Stein, dazwischen dünnes Papier. Rhythmisches Schlagen, mal langsamer, dann wieder schneller. Reto Rigassi verbindet in seinem mehrteiligen Werk *Eroserose* Gegensätze wie die Fragilität des künstlerischen Materials und die Härte des Felsens oder Begriffe wie Eros, den griechischen Gott der Liebe, und Erosion, den geologischen Fachausdruck für die witterungsbedingte Abtragung von Gesteinsoberflächen. *Eroserose* umfasst insgesamt zehn Papierarbeiten verschiedener Formate sowie eine Toninstallation. Die Tonspur wurde während des Entstehungsprozesses aufgezeichnet und unterbricht, in Intervallen abgespielt, die gewohnte Geräuschkulisse in der Basòdinohütte.

Im Hauptraum sind acht Längsformate jeweils paarweise in die handbreiten Vertiefungen der Holzvertäfelung eingepasst. Die Hängung in je eine Himmelsrichtung entspricht der Lage des Papiers während des Arbeitsprozesses. Die beiden grossen, rechteckigen Werke befinden sich ausserhalb des Hauptraums und bestehen ebenso wie die schmalen Arbeiten aus einer oder mehreren Lagen dünnem Japanpapier. Die Plastizität wie auch die taktile Qualität der Papierarbeiten werden durch den nur einige Millimeter betragenden Abstand zwischen Rückwand und schützendem Plexiglas zusätzlich betont.

Die Arbeiten weisen Löcher und Risse auf, und an manchen Stellen schimmern die Ränder schmutzig-bräunlich. Diese unterschiedlich starken Zerstörungen des Papiers zeugen von der Bearbeitung durch Rigassi, der mit zwei Steinen auf das auf dem erodierten Felsen ausgelegte Papier einschlägt. Dabei bewegt sich der Künstler über der Arbeit, mit blossen Füssen auf dem Stein stehend und die Augen geschlossen haltend, sodass er die Ausprägung der Zerstörungen lediglich mit seinem Gehör und seinem Tastsinn überprüfen kann.

Für sein künstlerisches Vorgehen sind Wetterbedingungen, zufällige oder unkontrollierbare Entwicklungen prägende Elemente. So war es bei einer früheren Arbeit die Sonne, die das Eis rund um auf einem Gletscher installierte Folien zum Schmelzen brachte und fünf Sockel entstehen liess. Oder das Salzwasser, in das die Fotonegative einst ungewollt gefallen sind, löste beim Entwickeln chemische Reaktionen aus und liess das Motiv wie tausendfache Vergrösserungen von Mikroorganismen aussehen.

Genauso, wie die Oberfläche des Felsens vom Wetter abgeschliffen wurde, erodiert Rigassi nun das Papier. Die fragile Materialität des Papiers wird durch die Tonspur erweitert: Erinnert das rhythmische Schlagen, das anschwillt und wieder leiser wird, nicht auch an rituellen Tanz? Wie gegensätzlich sind Sinnlichkeit und Zerstörung – *Eros* und *Erosion*?

Selma Käppeli

Reto Rigassi

Eroserose

La pierre contre la pierre, et une mince feuille de papier au milieu. Un battement rythmique, tantôt lent, tantôt rapide. Dans *Eroserose,* une œuvre en plusieurs volets, Reto Rigassi allie les contraires, la fragilité du matériau artistique et la dureté du roc, ou des notions comme Eros, le dieu grec de l'amour, et érosion, ce terme géologique qui désigne l'action des agents atmosphériques sur la surface de la roche. *Eroserose* comprend en tout dix travaux sur papier de divers formats et une installation sonore. La bande-son a été enregistrée durant le processus de réalisation et interrompt, à intervalles réguliers, l'ambiance sonore où baigne habituellement la Capanna Basòdino.

Dans la pièce principale, huit formats allongés sont encastrés, deux par deux, dans un renfoncement du lambris de bois, de la largeur d'une main. L'accrochage aux quatre points cardinaux correspond à la position du papier durant le processus de travail. Deux grandes œuvres rectangulaires sont suspendues hors de la pièce principale, de même que les travaux plus étroits, elles sont constituées d'une ou plusieurs couches de fin papier japon. La plasticité et la qualité tactile de ces travaux sur papier sont encore rehaussées par l'intervalle de quelques millimètres séparant la paroi de la protection de plexiglas.

Les travaux présentent des trous et des craquelures et, en plusieurs endroits, sur les bords, des salissures brun brillant. Ces détériorations du papier, d'intensité variable, sont les traces du façonnage de Rigassi qui, armé de deux pierres, frappe le papier étalé sur la surface érodée du rocher. Debout, pieds nus sur la pierre et les yeux fermés, l'artiste se déplace sur son travail, percevant ainsi l'empreinte des destructions par les seuls sens de l'ouïe et du toucher.

Dans le processus artistique, les conditions atmosphériques, les changements fortuits ou incontrôlés, jouent un rôle essentiel. Ainsi, dans une œuvre antérieure, c'est le soleil qui a dissous la glace autour de feuilles de plastique étendues sur un glacier, et fait ainsi émerger cinq socles. Ou encore l'eau salée dans laquelle un négatif est un jour tombé par inadvertance et qui, lors du développement, a déclenché des réactions chimiques et fait apparaître un motif semblable à des organismes microscopiques, grossis mille fois.

De même que les conditions atmosphériques ambiantes ont érodé la surface de la roche, de même Rigassi érode maintenant le papier. La bande-son renforce encore la matérialité et la fragilité du papier : ce battement rythmique, qui tour à tour enfle et décroît, rappelle-t-il une danse rituelle ? A quel point sensualité et destruction – *Eros* et *érosion* – sont-ils opposés ?

Selma Käppeli

Roman Signer

Geboren 1938 in Appenzell / *né en 1938 à Appenzell*
Roman Signer lebt in St. Gallen / *vit à Saint-Gall*

Titel / *Titre:*
Windstille
Jahr / *Année:* 2009
Materialien:
Holz, Aluminiummast, Farbe
Matériaux:
bois, mât d'aluminium, drapeau
Dimensionen / *Dimensions:*
750 cm × 150 cm × 150 cm

Einzelausstellungen (Auswahl)
Expositions individuelles (sélection)
2008/09, Projektionen, Helmhaus Zürich, Kunsthalle Hamburg; 2008, Works, Rochester Art Center Rochester; 2007, Works, Fruitmarket Gallery Edinburgh; 2006, Esculturas e instalaciones, Centro Galego de Arte Contemporánea Santiago de Compostela

Gruppenausstellungen (Auswahl)
Expositions collectives (sélection)
2009, Gakona, Palais de Tokyo Paris; 2008, Arte Bregalia. Ein Kunstparcours von Maloja bis Chiavenna; 2007, Art en plein air, Môtiers; 2007, Sol Le Witt & Roman Signer, Bonnefantenmuseum Maastricht

Preise und Stipendien (Auswahl)
Prix et bourses d'études (sélection)
2008 Ernst Franz Vogelmann-Preis für Skulptur Heilbronn; 2006 Kunstpreis Aachen; 1998, 2004 Kulturpreis St. Gallen; 1998 Kulturpreis Konstanz; 1995 Kulturpreis Bregenz; 1972, 1974, 1977 Eidgenössisches Kunststipendium; 1972 Kiefer-Hablitzel Stipendium

Bibliografie (Auswahl)
Bibliographie (sélection)
Roman Signer. Projektionen, Super-8-Filme und Videos 1975–2008, Helmhaus Zürich, Kunsthalle Hamburg, Zürich 2008; Phaidon (Hg.), Roman Signer. Works, London 2006; Peter Zimmermann (Hg.), Roman Signer. Werkübersicht 1971–2002, 3 Bände, Zürich, Köln 2004

www.romansigner.ch

Roman Signer

Windstille

Der Aufstieg ist steil und länger als erwartet, die Sonne steht hoch und brennt im Nacken – doch plötzlich gibt das Gelände den Blick frei auf die etwas weiter oben liegende Berghütte. Sogleich ist auch die Schweizer Fahne zu erkennen, die am Masten vor der Hütte munter im Wind flattert. Die wehende Fahne verspricht eine kühlende Brise und lässt die bleierne Hitze für das letzte Stück des Aufstiegs vergessen.

Windstille – so betitelt Roman Signer seine Arbeit, die er für das SAC-Kunstprojekt entwickelt hat. Der Künstler, der sich dezidiert als Bildhauer versteht, bezeichnet seine Arbeiten oft auch als «Ereignisse». Er lässt beispielsweise in einer mehrere Wochen dauernden Aktion eine von seinem Geburtsort Appenzell bis zu seinem Wohnort St. Gallen verlegte Zündschnur abbrennen, katapultiert Möbelstücke aus einem Kurhaus, lässt sich in einem Kajak über einen Feldweg ziehen oder wartet mit stoischer Ruhe darauf, bis ihm eine selbst gezündete Rakete die Zipfelmütze vom Kopf reisst. Roman Signer erweitert mit seinen Arbeiten den traditionellen Skulpturbegriff durch das Moment der Bewegung, die Ausdehnung im Raum und die Dimension der Zeit. Seine Skulpturen sind Versuchsanordnungen, plastische Ereignisse unter Einwirkung von physikalischen Kräften.

Roman Signers Arbeit *Windstille* ist spektakulär und still zugleich: Auf dem flachen Platz vor der Capanna Basòdino steht ein 7,50 Meter hoher Holzturm, dessen scharfe Konturen sich in der Berglandschaft markant abzeichnen. Die Holzwände umschliessen eine sechs Meter hohe Fahnenstange aus Aluminium, an deren Ende jene Schweizer Fahne hängt, die normalerweise am Masten vor der Hütte flattert. Durch einen schmalen Durchgang lässt sich das Innere des Turms betreten. Der Blick nach oben zeigt die Fahne in einem Zustand, für den sie nicht gedacht ist: Schlapp baumelt ein rotes Stück Stoff an der Stange, das weisse Kreuz lässt sich nicht einmal erahnen – die Fahne verliert jegliche emblematische Bedeutung. Diese Transformation bietet Raum für weitreichende Gedankenflüge: Ist *Windstille* ein radikales politisches Statement? Oder ist es ein Kommentar zu den Naturkräften, ein Verweis auf die Kraft des Windes? Welches Potenzial wird im Zaum gehalten? Soll neben der Nationalfahne auch noch anderes zur Ruhe kommen?

Etwas Besonderes wird dann jener Moment sein, in dem die Skulptur wieder abgebaut und sich wohl gleichzeitig vollenden wird: Der Hubschrauber wird den vom Fundament gelösten Turm senkrecht in die Höhe heben – und die Fahne wird mit dem ersten Luftzug wieder zu flattern beginnen und für alle Wanderer sichtbares Zeichen werden.

Andreas Fiedler

Roman Signer

Windstille

La montée est escarpée et plus longue que prévu, haut dans le ciel, le soleil tombe à plomb sur la nuque – et puis soudain, le chemin s'élargit et dégage la vue sur la cabane située un peu plus haut. Presque en même temps, on aperçoit le drapeau suisse: hissé au mât devant la cabane, il flotte allègrement au vent. Ce drapeau ondoyant annonce une brise rafraîchissante et fait oublier la chaleur écrasante dans les derniers mètres de la montée.

Windstille – «calme plat», voilà comment Roman Signer appelle le projet artistique qu'il a réalisé pour le CAS. L'artiste, qui se définit résolument comme un sculpteur, nomme souvent ses travaux des «événements». A titre d'exemples: dans une action de plusieurs semaines, il fait brûler une mèche d'Appenzell, son lieu de naissance, à Saint-Gall, son lieu de résidence, ou bien il catapulte des meubles hors d'un établissement thermal, se fait tirer en canoë sur un chemin champêtre ou encore attend avec un calme stoïque que la fusée qu'il a lui-même allumée vienne lui souffler son bonnet à pointe de la tête. Dans ses travaux, Roman Signer ajoute à la notion traditionnelle de sculpture l'instant du mouvement, une extension dans l'espace et la dimension du temps. Ses sculptures sont des champs d'expérimentation, des événements plastiques travaillés par des forces physiques.

Windstille, le travail de Roman Signer, est à la fois spectaculaire et discret: sur l'esplanade devant la Capanna Basòdino, se trouve une tour de bois de 7,50 m dont les contours saillants se détachent nettement sur les montagnes environnantes. Les murs de bois entourent une hampe d'aluminium de 6 m de haut, à l'extrémité de laquelle pend ce drapeau suisse qui, en temps normal, flotte au vent devant la cabane. Un étroit passage permet de pénétrer à l'intérieur de la tour. Il suffit de jeter un regard vers le haut pour voir que le sort de ce drapeau n'est pas celui pour lequel il a été conçu: un bout d'étoffe rouge pendouille mollement de la hampe, la croix blanche est à peine discernable – le drapeau en perd sa qualité d'emblème. Une transformation qui donne amplement matière à réflexion: *Windstille* serait-il une déclaration politique radicale? Ou est-ce un commentaire sur les forces de la nature, une référence à l'énergie du vent? Quelle est cette puissance dont il faut freiner l'essor? S'agit-il de ramener au calme autre chose que le drapeau national?

Il y aura un moment tout à fait exceptionnel le jour où la sculpture sera déconstruite… et simultanément parachevée: l'hélicoptère détachera la tour de son fondement et la soulèvera à la verticale – et le drapeau se remettra à flotter dès le premier souffle d'air, symbole visible pour tous les randonneurs.

Andreas Fiedler

Judith Albert

San Carlo di Monte Grande

Seite 130 ff. / *page 130 sqq.*

Ariane Epars

Point de vue

Seite 36 ff. / *page 36 sqq.*

Yves Netzhammer

Windlandschaften

Seite 178 ff. / *page 178 sqq.*

Etzlihütte, 2052 m

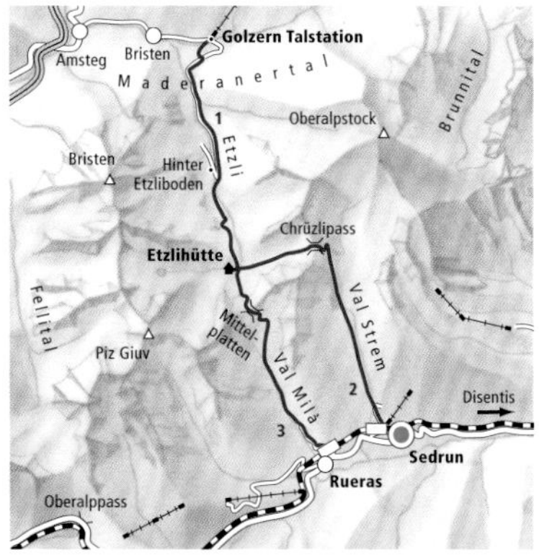

Situation: Maderanertal (UR)
Cartes: 1212 Amsteg, 256 Disentis
Propriété: SAC Thurgau
Places: 75
Téléphone: 041 820 22 88
Gardiens: Rita et Christoph Sager
Gardiennage continu de juin à mi- ou fin octobre, demi-pension possible
Info: www.etzlihuette.ch

1 | facile T1 | 3:45 | ↗ 1230 m

En bus et car postal d'Erstfeld via Amsteg jusqu'au terminus de Bristen (départ du téléphérique Bristen-Golzern, 832 m). De là, prendre à droite sur un chemin balisé qui remonte l'Etzlital pour atteindre l'alpage de Hinter Etzliboden. On peut aller jusque-là en taxi local (Johann Fedier, tél. 041 883 14 80 ; de là, 2 h, ↗ 730 m). Le chemin agréable surmonte ensuite deux ressauts pour gagner le Müllersmatt puis, non loin à droite, la cabane.

2 | difficulté moyenne T2 | 3:45 | ↗ 980 m | ↘ 370 m

De la gare de Sedrun (1441 m) suivre les balises d'abord sur une petite route, puis sur un sentier vers le nord pour entrer dans le val Strem. Depuis 2000 m environ, le chemin raide et malaisé monte sur le flanc gauche du vallon vers le Chrüzlipass (2347 m). De là, descendre par des pentes raides vers le Müllersmatt puis remonter courtement vers la cabane.

3 | difficulté moyenne T2 | 4:00 | ↗ 1100 m | ↘ 510 m

De la gare de Rueras (1447 m), suivre la route montant en pente douce par Pardatsch vers Milà, puis le vallon du même nom. Suivre plus ou moins la rivière sur des sentiers de montagne jusqu'au fond du vallon. Le chemin se redresse alors pour gagner le col de Mittelplatten (2487 m), d'où l'on redescend par des pentes raides (souvent enneigées au début de l'été) vers le Müllersmatt puis la cabane.

Activité

- Baignoire pour bains d'herbes de montagne près de la cabane
- Proximité de grands pâturages se prêtant au jeu ou à la flânerie (Müllersmatt, Gulmen)
- Excursion par Felleli au Spiellauisee (T2, A/R 2 h, absence partielle de chemin)
- Sur l'itinéraire d'accès 1, bifurquer vers l'alpage de Hinter Etzliboden (produits laitiers frais)
- Traversée vers la Treschhütte SAC par la Pörtlilücke et descente vers Gurtnellen (T3, 6-7 h)

Judith Albert

Andres Lutz & Anders Guggisberg

Markus Schwander

Ariane Epars

Yves Netzhammer

Lage:	Maderanertal (UR)
Karten:	1212 Amsteg, 256 Disentis
Eigentum:	SAC Thurgau
Schlafplätze:	75
Telefon:	041 820 22 88
Hüttenwarte:	Rita und Christoph Sager Von Juni bis Mitte/Ende Oktober durchgehend bewartet, Halbpension erhältlich
Info:	www.etzlihuette.ch

1 einfach T1 ◷ 3:45 ↗ 1230 Hm

Vom Bahnhof Erstfeld mit Bus via Amsteg nach Bristen (Endstation «Golzern Talstation», 832 m). Nun auf markiertem Weg ins Etzlital und zur Alp Hinter Etzliboden (bis hier auch mit Alpentaxi, Johann Fedier, Tel. 041 883 14 80; ab hier 2 Std., ↗ 730 Hm). Weiter auf einem bequemen Bergweg zur Müllersmatt und nach rechts zur Hütte hinauf.

2 mittelschwer T2 ◷ 3:45 ↗ 980 Hm ↘ 370 Hm

Vom Bahnhof Sedrun (1441 m) den Markierungen folgend zuerst auf einem Strässchen, dann auf einem Weg nordwärts ins Val Strem. Ab ca. 2000 m steigt der Pfad steil und etwas ruppig nach links zum Chrüzlipass (2347 m). Durch ein karges Tälchen zur Müllersmatt hinab und kurzer Gegenaufstieg zur Hütte.

3 mittelschwer T2 ◷ 4:00 ↗ 1100 Hm ↘ 510 Hm

Vom Bahnhof Rueras (1447 m) auf einem Strässchen ansteigend via Pardatsch nach Milà und ins gleichnamige Tal. Auf Bergwegen bis zum Talschluss, wo ein etwas steilerer Anstieg zu den Mittelplatten (2487 m) führt. Von diesem Pass über steile Hänge (im Frühsommer oft Schneefelder) zur Müllersmatt und zur Hütte.

Aktivitäten

- Alpenkräuter-Badebottich bei der Hütte
- Auf Zugang 1 bei der Alp Hinter Etzliboden einkehren (frische Milchprodukte erhältlich)
- Zum Spielen oder Faulenzen einladende Ebenen in Hüttennähe (Müllersmatt, Gulmen)
- Abstecher via Felleli zum Spiellauisee (T2, z.T. weglos, hin und zurück 2 Std.)
- Überschreitung via Pörtlilücke zur Treschhütte SAC und nach Gurtnellen (T3, 6–7 Std.)

La roche primitive d'Uri

Certains paysages semblent n'être que des ébauches attendant un dernier polissage, sans que l'on réalise clairement pourquoi ils paraissent inachevés. Ce n'est pas le cas du Hintere Etzli, petit vallon latéral du Maderanertal en pays uranais. Des millénaires ont lissé en crêtes arrondies et lignes épurées ce massif granitique, dont seuls les sommets les plus élevés montrent quelques hautes tours, dents acérées et « gendarmes » que l'érosion n'a pas encore effacés. Ces formes rappellent d'autres régions du massif de l'Aar, une entité géologique dont la même roche mère fait les reliefs du Hasli bernois, du pays d'Uri et de l'Oberland grison. L'Etzlital, comme les autres zones du massif de l'Aar, est un terrain de prospection que les cristalliers et minéralogistes fréquentent assidûment. En y regardant de plus près, on verra que ce paysage si ancien est soumis à une continuelle évolution : on assiste ainsi à la disparition progressive des petits glaciers et névés qui s'étaient nichés à l'ombre des montagnes entourant le Piz Giuv, le plus haut sommet du Hintere Etzli avec ses 3096 mètres. Le retrait de ces masses glaciaires dégage des roches jusque-là dissimulées, pour la plus grande joie des prospecteurs de minéraux.

L'accès à l'Etzlihütte présente un charme particulier si on l'aborde depuis le nord, c'est-à-dire depuis Bristen dans le Maderanertal. Le chemin, longeant les eaux tantôt paisibles et tantôt écumantes de l'Etzlibach, traverse plusieurs étages de végétation avant d'atteindre l'alpage de Müllersmatt. Ici, à 2000 mètres d'altitude, le vallon se divise en trois embranchements latéraux dont le charme émouvant tient à l'alternance harmonieuse de gazons alpins, de pâturages et de roches nues formant en quelque sorte un archétype alpin. Du fond du vallon, parcouru de ruisselets et tapissé de bruyères, de laîches et de rhododendrons, le regard monte vers des terrasses dont la riche flore se mire dans de petits lacs, pour se perdre progressivement dans le gris des murailles rocheuses aux crêtes lacérant le bleu du ciel.

L'Etzlihütte se situe sur un épaulement herbeux dominant l'évasement du vallon au Müllersmatt. C'est une construction solide et massive de pierre et de bois, qui sans donner une impression de lourdeur s'insère naturellement dans le paysage. Comme si elle en reflétait le caractère: une cabane hors du temps dans l'environnement sans âge des roches du pays uranais.

Marco Volken

Urner Urgestein

Es gibt Landschaften, die auf unbestimmte Art unfertig scheinen, noch im Aufbau begriffen oder auf einen letzten Schliff wartend. Nicht so das Hintere Etzli, ein Seitental des Urner Maderanertals. Auf seinem Talboden lasten massige Granitberge, aus deren Urgestein die Witterung im Laufe der Jahrtausende klare Linien und abgerundete Kanten formte. Nur auf den Gipfelgraten erheben sich schmale Zacken und schlanke Türme, «Gendarmen», die der Erosion noch standhalten. Die Geländeformen erinnern an andere Regionen des Aarmassivs – wie die geologische Einheit aus Urgestein bezeichnet wird, die sich vom Oberwallis übers Berner Haslital und den Kanton Uri bis ins Bündner Oberland erstreckt. Und wie andere Regionen des Aarmassivs gehört auch das Etzlital zu den beliebten Jagdgründen der Strahler, der Kristall- und Mineraliensucher. Doch bei näherem Hinsehen wird man erkennen, dass die Umgebung, obwohl uralt, fortwährend umgestaltet wird. Die kleinen Gletscher und Firne beispielsweise, die sich in den schattigen Nordflanken der Berge rund um den Piz Giuv – den mit 3096 Metern höchsten Berg des Hinteren Etzli – eingenistet haben, schwinden von Jahr zu Jahr und legen dabei neues Material, neues Gestein frei. Ganz zur Freude der Strahler, die sich davon auch neue Fundgebiete erhoffen.

Besonders lohnend ist der Zugang zur Etzlihütte von Norden her, von Bristen im Maderanertal. Der Weg führt dem mal ruhig dahinfliessenden, mal überschäumenden Etzlibach entlang über mehrere Vegetationsstufen hinweg bis zur Müllersmatt. Hier, auf 2000 Metern Höhe, fächert sich das Gelände auf und bildet drei kleine Nebentäler. Der besondere Reiz dieser Landschaft, die man durchaus als archetypisch-alpin bezeichnen könnte, liegt in ihrer Abstufung, im gegliederten Wechsel von der alpinen Rasen- und Weidezone bis zum kahlen Gestein hinauf: Von den Talböden, die von Bächlein und Schwemmebenen durchzogen und mit Alpenrosen und weiteren Heidekrautpflanzen bewachsen sind, steigt das Gelände stufenweise an, bildet blumenreiche Terrassen mit vereinzelten kleinen Seen und geht dann weiter oben allmählich in steiles, felsiges Gebiet über.

Etwas oberhalb jener Stelle, an der sich das Tal ausweitet, der Müllersmatt, liegt auf einer grünen Schulter die Etzlihütte. Solid und massiv, ohne massig oder gar grob zu wirken, fügt sich der kompakte Holz- und Steinbau auf natürliche Weise in die Umgebung ein, als wollte er deren Charakter widerspiegeln. Eine Urhütte in einer Urwelt aus Urner Urgestein.

Marco Volken

Judith Albert

Geboren 1969 in Sarnen/*née en 1969 à Sarnen*
Judith Albert lebt in Zürich/*vit à Zurich*

Einzelausstellungen (Auswahl)
Expositions individuelles (sélection)
2009, Tamed Light, Kunstmuseum Luzern; 2008, Promenade, Galerie Davel 14 Cully; 2005, Kein Wasser – kein Mond, Nidwaldner Museum Stans; 2004, Bilan d'un été, Les Halles espace d'art contemporain Porrentruy

Gruppenausstellungen (Auswahl)
Expositions collectives (sélection)
2008, Die Seele einer Zuckerdose, Villa Flora Winterthur; 2008, Measure of all Things – The Human Scale, Cameron Art Museum Wilmington; 2007, Fleischeslust, Kunstmuseum Chur; 2007, Surréalités, Centre PasquArt Bienne

Preise und Stipendien (Auswahl)
Prix et bourses d'études (sélection)
2008 Pfeifer Mobil; 2007, Atelier Cité Internationale des Arts Paris; 2006 Swiss Art Award; 2003 Unterwaldner Preis für bildende Kunst; 2002 Atelierstipendium der Stadt Zürich für Genua; 1999, 2006 Danioth Stipendium Kanton Uri

Bibliografie (Auswahl)
Bibliographie (sélection)
Fleischeslust, Bündner Kunstmuseum Chur, Zürich 2007; Judith Albert. Kein Wasser – kein Mond, Nidwaldner Museum, Stans 2005; Freie Sicht aufs Mittelmeer, Kunsthaus Zürich, Schirn Kunsthalle Frankfurt, Zürich 1998

www.judithalbert.ch

Titel/*Titre*:
San Carlo di Monte Grande

Jahr/*Année*: 2009

Materialien: Zündholzschachtel, Faltleporello, versteinerte Träne
Matériaux: boîtes d'allumettes, dépliants, larmes pétrifiées

Dimensionen/*Dimensions*:
56 mm × 36 mm × 10 mm,
bzw./*ou déplié*
56 mm × 252 mm × 10 mm

Auflage/*Edition*: 5000 Stk./*ex.*

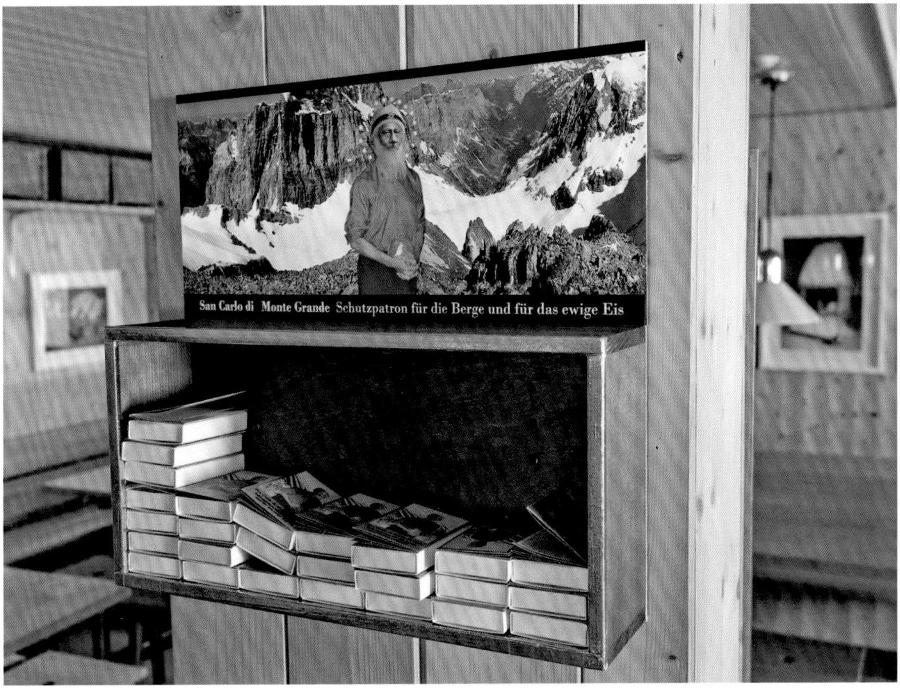

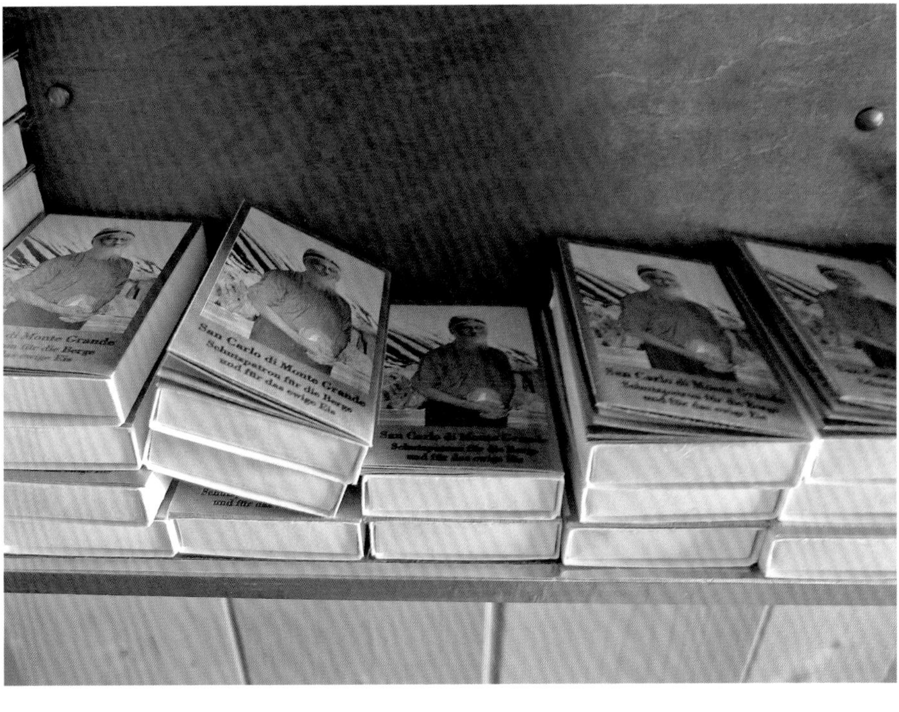

Judith Albert

San Carlo di Monte Grande

Ein persönliches Erlebnis während der Recherchen für das SAC-Kunstprojekt wurde für Judith Albert zum Ausgangspunkt ihrer künstlerischen Intervention *San Carlo di Monte Grande.* Um zur Capanna Basòdino zu gelangen, fuhr die Künstlerin durch das wilde, äusserst reizvolle Val Bavona bis nach San Carlo, dem letzten Weiler des urtümlichen Tals und Standort der Luftseilbahn hinauf nach Robiei. In wenigen Minuten überwand sie mit dieser Seilbahn die über 900 Meter Höhendifferenz zur Hütte – und befand sich unvermittelt in einem Gebiet, das seit den 60er-Jahren intensiv für die Stromgewinnung genutzt wird. Entsprechende Spuren prägen die Alplandschaft Robiei: Für die Bedürfnisse der Kraftwerke wurden Staumauern und Ausgleichsbecken gebaut, Verbindungsstrassen angelegt und nüchterne Zweckbauten errichtet – mitten in der Bergwelt.

Die durch dieses Erlebnis ausgelöste Betroffenheit führte Judith Albert zur Idee, den Bergen einen von ihr kreierten Schutzheiligen zur Seite zu stellen. So entstand die Figur *San Carlo di Monte Grande,* den die Künstlerin als «Schutzpatron für die Berge und das ewige Eis» bezeichnet. Diese Figur ist in allen fünf beteiligten Hütten präsent: 5000 kleine Schachteln, die statt Zündhölzern jeweils ein sorgfältig gebettetes Steinchen enthalten, liegen bereit, damit die Besucher sie kostenlos mitnehmen können. Der Begleittext der Künstlerin beschreibt die grandiosen Fähigkeiten des Schutzpatrons und legt dar, wie dessen zu Stein gewordenen Tränen Wunder bewirken können. Das Bild zeigt den Schutzheiligen vor einem imposanten Bergpanorama – doch real sind weder die am Computer aus verschiedensten Komponenten zusammengesetzte Figur noch die ebenfalls aus Einzelteilen digital zusammengefügte Bergwelt.

Durch die Kreierung eines Schutzpatrons für die Berge lenkt Judith Albert die Aufmerksamkeit auf die Frage, was denn dort überhaupt geschützt werden müsste. Möglicherweise wird beim Publikum so die Bereitschaft gestärkt, Veränderungen und Entwicklungen in diesen Gebieten bewusster wahrzunehmen. Dies kann in konkrete Handlungen münden, die, im Gegensatz zur fiktiven Figur, real werden könnten. Damit vertritt die Künstlerin einen partizipativen Ansatz, der den Rezipienten selbst zum Faktor der künstlerischen Arbeit werden lässt. *San Carlo di Monte Grande* ist keine Auseinandersetzung mit der bedeutenden historischen Figur des San Carlo aus dem 16. Jahrhundert. Vielmehr bindet die Künstlerin mit diesem Namen die Capanna Basòdino stellvertretend für alle SAC-Hütten in ihre Intervention ein. Denn: Ein Schutzpatron für die Berge hätte an vielen Orten im Alpenraum bestimmt sehr viel Arbeit.

Andreas Fiedler

Judith Albert

San Carlo di Monte Grande

Une expérience personnelle, vécue par l'artiste Judith Albert lors de ses recherches pour le projet d'art du CAS, a été à l'origine de son intervention artistique *San Carlo di Monte Grande.* Pour arriver à la Capanna Basòdino, l'artiste a traversé le val Bavona, rude mais plein de charme, et s'est rendue à San Carlo, dernier hameau de cette vallée sauvage et départ du funiculaire pour Robiei, qui lui a permis de franchir, en quelques minutes, les 900 mètres de dénivelé qui la séparaient de la cabane : elle s'est brusquement retrouvée dans une zone surexploitée depuis les années 1960 pour la production d'électricité. Une exploitation qui a laissé ses stigmates dans le paysage alpestre de Robiei : pour les besoins des centrales, il a fallu construire des barrages et des bassins de compensation, des voies de raccordement et de banals bâtiments utilitaires – en pleine montagne.

Cette expérience a profondément secoué Judith Albert et lui a donné l'idée de créer un saint patron pour défendre et protéger les montagnes. Ainsi est né le personnage de *San Carlo di Monte Grande*, que l'artiste appelle le « saint patron des montagnes et des glaces éternelles ». Il est présent dans les cinq cabanes participant au projet du CAS : 5000 petites boîtes enfermant non pas des allumettes, mais une petite pierre soigneusement emballée, se tiennent à la disposition des visiteurs qui peuvent les emporter gratuitement. Le commentaire de l'artiste décrit les formidables pouvoirs du saint patron et explique comment ses larmes, métamorphosées en pierres, peuvent accomplir des miracles. L'image montre la figure du saint se découpant sur un impressionnant massif montagneux – et pourtant, ni ce personnage hétéroclite assemblé sur ordinateur ni le paysage alpestre de fabrication tout aussi numérique ne sont réels.

En créant un saint patron des montagnes, Judith Albert soulève la question de savoir ce qu'il serait opportun de protéger dans ces lieux. Il se pourrait alors que le public se sente concerné et décide de réfléchir au changement et à l'évolution de ces régions. Et cette réflexion pourrait l'amener à lancer des actions concrètes qui, au contraire du personnage de fiction, pourraient devenir réalité. L'artiste adopte ainsi une démarche participative qui transforme le spectateur lui-même en agent du travail artistique. *San Carlo di Monte Grande* ne constitue pas une méditation sur le grand personnage historique de San Carlo, qui a vécu au XVIe siècle. Dans son intervention, l'artiste associe bien plutôt à ce nom la Capanna Basòdino, en lieu et place de toutes les autres cabanes du CAS. Car un saint patron des montagnes ne manquerait certainement pas de travail en de nombreux endroits du monde alpin.

Andreas Fiedler

**San Carlo di Monte Grande
Saint patron des montagnes
et des glaces éternelles**

San Carlo contrôle et coordonne les plus infimes oscillations de la roche dans le monde entier, et il veille à ce que la glace se perpétue dans sa forme. Son énergie réfrigérante et régulatrice maintient les massifs montagneux en place.

Que cette larme pétrifiée soit amenée sur une montagne ou un glacier en péril, et le pouvoir de San Carlo pourra alors s'étendre et se renforcer en ce lieu – et il arrive que se produisent des miracles.

**San Carlo di Monte Grande
Schutzpatron für die Berge
und für das ewige Eis**

San Carlo überwacht und koordiniert weltweit die minimalen Verschiebungen des Gesteins und sorgt dafür, dass das Eis in seiner Form erhalten bleibt. Mit seiner kühlenden und stabilisierenden Energie hält er die Gebirgsmassen zusammen.

Wird die zu Stein gewordene Träne auf einen gefährdeten Berg oder Gletscher gebracht, kann sich die Kraft des San Carlo an diesem Ort verstärkt ausbreiten – und es können Wunder geschehen.

Lutz & Guggisberg

Andres Lutz geboren 1968 in Wettingen/*né en 1968 à Wettingen*
Anders Guggisberg geboren 1966 in Biel/*né en 1966 à Bienne*

Lutz & Guggisberg leben in Zürich/*vivent à Zurich*
Zusammenarbeit seit 1996/*collaboration depuis 1996*

Einzelausstellungen (Auswahl)
Expositions individuelles (sélection)
2009, Lutz & Guggisberg, Centre Culturel Suisse Paris; 2008, Impressions from the Interior, Galerie Ikon Birmingham; 2004, Ich sah die Wahrheit, Kunsthalle Zürich

Gruppenausstellungen (Auswahl)
Expositions collectives (sélection)
2008, Zerbrechliche Schönheit – Fragile Beauty, Museum Kunst Palast Düsseldorf; 2007, Il faut cultiver notre jardin, Kunsthaus Langenthal; 2006, Nothing but Pleasure, Bawag Foundation Wien

Preise und Stipendien (Auswahl)
Prix et bourses d'études (sélection)
2007 Internationaler Kunstpreis des Landes Vorarlberg; 2005 Prix Meuly Thun; 2002 Manor Kunstpreis St. Gallen; 1999, 2001, 2002 Swiss Art Award

Bibliografie (Auswahl)
Bibliographie (sélection)
Lutz & Guggisberg. Il était une fois sur la terre, Centre Culturel Suisse Paris, Paris 2009; Lutz & Guggisberg. Eindrücke aus dem Landesinneren, Museum Folkwang Essen, Galerie Ikon Birmingham, 2008; Lutz & Guggisberg, Kunstverein Freiburg i.Br., Aargauer Kunsthaus Aarau, Nürnberg 2007

www.lutz-guggisberg.com

Titel/*Titre:*
Eindrücke aus dem Landesinneren

Jahr/*Année:* 2008

Materialien: 30 Fotolithografien
Matériaux: 30 photolithographies

Dimensionen/*Dimensions:*
je/*toutes* 53 cm × 41 cm

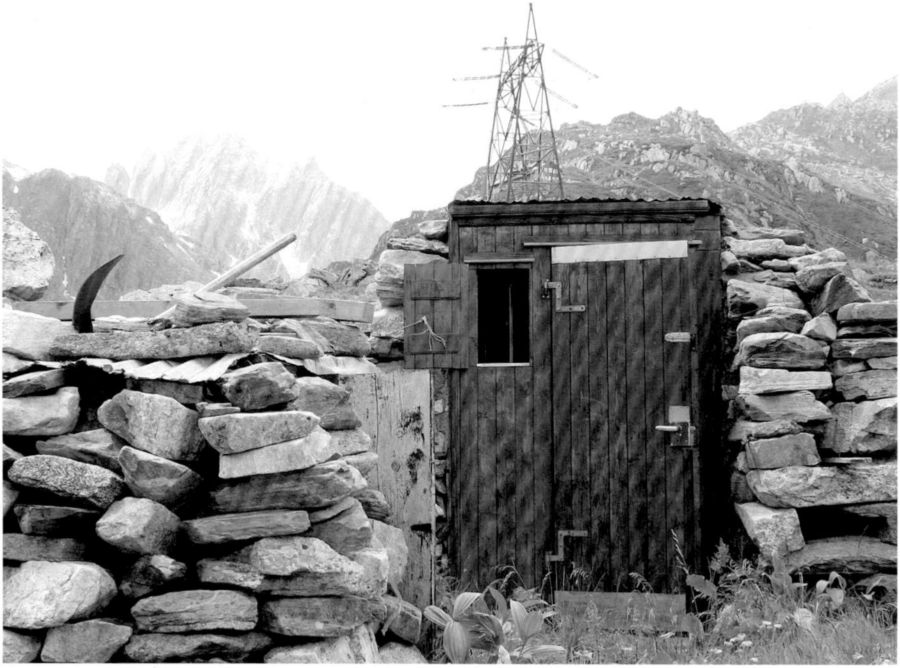

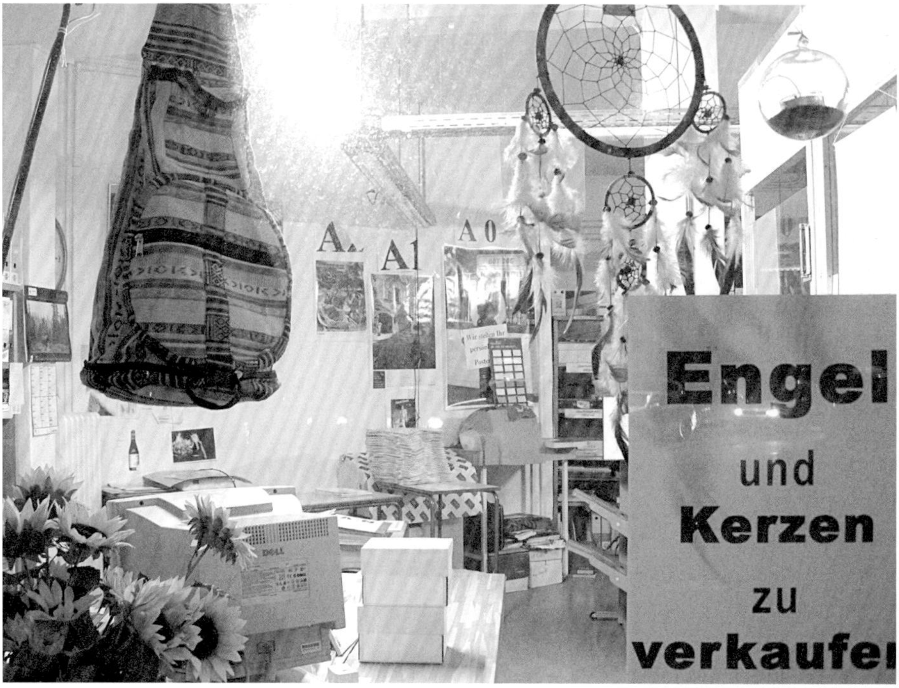
A1
A0
Engel
und
Kerzen
zu
verkaufe

Lutz & Guggisberg

Eindrücke aus dem Landesinnern

Kennern der Etzlihütte wird schnell auffallen, dass sich der Bilderschmuck anders präsentiert als gewohnt. Die nostalgisch anmutenden Holzski über dem einen Esstisch sind verschwunden, und auch die grosse Reproduktion eines Bergpanoramas kann nicht mehr konsultiert werden. Stattdessen hängen an den hellen Holzwänden der Gemeinschaftsräume 30 edel gerahmte und verglaste, grossformatige Bilder in Schwarz-Weiss.

Die Fotolithografien sind eine Auswahl aus der im gleichnamigen Buch publizierten Serie *Eindrücke aus dem Landesinnern* (2008) des Künstlerduos Lutz & Guggisberg. Es ist die erste grössere Arbeit der beiden Künstler in diesem Medium. Andres Lutz und Anders Guggisberg, die seit 1996 zusammenarbeiten, sind mit materiell ausufernden und gebastelten Installationen, Skulpturen und Objekten bekannt geworden, die Vertrautes mit Witz aus einem ursprünglichen Zusammenhang reissen und unter neuem Blickwinkel zeigen. Mit Freude am Wortspiel präsentieren sie beispielsweise in ihrem Werk «Bibliothek» hölzerne Bücher mit fiktiven Titeln wie «Das Loch in der Steppe», herausgegeben von der frei erfundenen Autorin Inge Völker, erschienen in einem Verlag mit dem fantasievollen Namen Nomadis.

Die Serie *Eindrücke aus dem Landesinnern* ist eine Art Bildessay, welcher in der dem Künstlerduo eigenen enzyklopädischen und humorvollen Herangehensweise versucht, das Wesen eines Landes geografisch, kulturell und sozial zu erfassen. Im Stil einer Volkskunde der Gegenwart fotografieren Lutz & Guggisberg nicht das Herausragende, sondern das Gewöhnliche, dem man gemeinhin keine grosse Beachtung schenkt: einen Einkaufswagen in einem Parkteich, Hochspannungsmasten im Gebirge, Agglomerationen und ländliche Gebiete ohne besondere Merkmale. Viele der Bilder kommen einem vertraut vor, weshalb man das im Titel erwähnte Landesinnere auf die Schweiz bezieht. Doch bei genauerem Hinsehen treten Zweifel auf. Die Werke «Löwenhaut» und «Verwundeter Alligator» wirken fremd; bei «Haarverlängerung am ganzen Körper» und der seltsamen Landschaft mit dem Titel «Zone» handelt es sich um Detailansichten einer jener gebastelten Installationen der beiden Künstler, und man fragt sich, was mit dem Landesinneren tatsächlich gemeint ist. Handelt es sich vielleicht um das «Unbewusste» unseres Landes? Darüber, wie sich dieses äussert, darf aufgrund der Bilder nachgedacht werden. Dazu folgender Hinweis: Die Etzlihütte ist Teil dieses «Landesinnern». Sie ist auf einer der Fotolithografien abgebildet.

Claudine Metzger

Lutz & Guggisberg

Eindrücke aus dem Landesinnern

Ceux qui connaissent l'Etzlihütte s'apercevront bien vite que sa décoration habituelle a changé. Les skis de bois au charme nostalgique, normalement placés au-dessus de l'une des tables, ont disparu, et la grande reproduction du panorama alpin également, elle ne pourra plus être consultée. A leur place, trente photos noir-blanc de grand format, élégamment encadrées sous verre, ornent les murs de bois clair des salles communes.

Les photolithographies sont extraites de la série réalisée par le duo d'artistes Lutz & Guggisberg et publiée dans un livre qui porte le même nom que l'installation: *Eindrücke aus dem Landesinnern* (*Impressions de l'intérieur du pays*, 2008). Il s'agit du travail le plus important des deux artistes avec ce média. Andres Lutz et Anders Guggisberg, qui travaillent ensemble depuis 1996, se sont fait connaître par leurs installations bricolées et débordantes de matériaux, leurs sculptures et leurs objets qui, avec beaucoup d'humour, extraient les choses qui nous sont familières de leur contexte initial pour les exposer sous un nouveau jour. Ainsi, prenant plaisir à jouer avec les mots, ils montrent dans leur œuvre *Bibliothek*, des livres de bois aux titres fictifs comme *Le trou de la steppe*, édité par Inge Völker, une écrivaine imaginaire, et paru dans une maison d'éditions au nom plein de fantaisie: Nomadis.

La série *Eindrücke aus dem Landesinnern* est une sorte d'essai photographique qui, fidèle à l'approche encyclopédique et facétieuse du duo d'artistes, tente de saisir l'essence d'un pays, géographiquement, culturellement et socialement. Procédant comme pour une ethnologie régionale du présent, Lutz & Guggisberg ne photographient pas ce qui est remarquable, mais ce qui est ordinaire, ce à quoi l'on ne prête guère d'attention: un caddie dans l'étang d'un parc, des pylônes de lignes électriques en montagne, des zones d'agglomérations ou rurales sans grand intérêt. Nombre des photos nous semblent familières, ce qui nous pousse à assimiler la Suisse à cet «intérieur du pays» évoqué dans le titre. Pourtant, à y regarder de plus près, le doute s'installe. Les œuvres *Löwenhaut* («dépouille de lion») et *Verwundeter Alligator* («Alligator blessé») ont quelque chose d'étrange; quant à *Haarverlängerung am ganzen Körper* («Rallonge capillaire sur tout le corps») et au paysage bizarre portant le titre *Zone,* il s'agit de vues rapprochées de l'une des installations bricolées par les artistes, et l'on peut se demander ce que signifie véritablement ce *Landesinnere*? S'agit-il peut-être de «l'inconscient» de notre pays? On peut alors se poser des questions sur la façon dont il se manifeste dans les photographies. Un indice à ce propos: l'Etzlihütte fait partie de cet «intérieur du pays». Elle apparaît sur l'une des photolithographies.

Claudine Metzger

Kasse

Markus Schwander

Geboren 1960 in Reussbühl / *né en 1960 à Reussbühl*
Markus Schwander lebt in Basel / *vit à Bâle*

Einzelausstellungen (Auswahl)
Expositions individuelles (sélection)
2007, Capriccio, Galerie Tony Wuethrich Basel; 2007, Come as you are, Ausstellungsraum o.T. Luzern (mit N. Bezemer); 2002, wtwp #3. Ein Reisebericht, Kunsthalle Basel (mit A. Zimmermann)

Gruppenausstellungen (Auswahl)
Expositions collectives (sélection)
2008, A travers champs – Querfeldein, Münster (mit T. Z'Rotz); 2006, Fliegende Kühe und andere Kometen, Villa Merkel Esslingen; 2004, Minedfields, Kunsthaus Baselland, Stadtgalerie Bern; 2003, Natürlich gebaut, Helmhaus Zürich

Preise und Stipendien (Auswahl)
Prix et bourses d'études (sélection)
2007 Anerkennungsbeitrag der UBS Kulturstiftung Zürich; 2001, 2002 iaab. Internationales Austausch- und Atelierprogramm Region Basel; 1990, 1997 Werkbeitrag von Kanton und Stadt Luzern

Bibliografie (Auswahl)
Bibliographie (sélection)
Day after Day, Kunsthalle Fribourg, Fri-Art 2003–2007, Fribourg 2007; Gianni Jetzer, «Late Shift 3/5», in: Late Shift. Kunst als symbolisches Terrain zwischen Schichtarbeit und Fitnesspark, Puls 5 Zürich, Zürich 2006, S. 65–75; Abdruck – Zu den Objekten und Zeichnungen von Markus Schwander, Frankfurt a.M. 2004

www.markusschwander.com

Titel / *Titre:*
untitled, chewed, #26
untitled, chewed, #27
untitled, chewed, #28

Jahr / *Année:*
2009

Materialien: Betonguss
Matériaux: moulage de béton

Dimensionen / *Dimensions:*
untitled, chewed, # 26:
ca. / *env.* 40 × 50 × 80 cm
untitled, chewed, # 27:
ca. / *env.* 35 × 50 × 30 cm
untitled, chewed, # 28:
ca. / *env.* 45 × 70 × 70 cm

Markus Schwander

untitled, chewed, 26–28

Markus Schwander trägt nicht Wasser in die Reuss, sondern künstliche «Steine» in die Berge. Diese Objekte aus Beton sind Abgüsse hybrider Konglomerate, bestehend aus einer offensichtlich von Hand modellierten Form und gesammelten Steinen oder Gesteinsbrocken. Je drei Exemplare dieser Skulpturen stehen wie Findlinge oder Meteoriten in der unmittelbaren Umgebung der Etzli- und der Wildstrubelhütte.

Das plastische Arbeiten von Markus Schwander ist gekennzeichnet durch das Zusammenbringen unterschiedlicher alltäglicher Gegenstände und Materialien. Das Modellieren und der Abdruck sind dabei zwei von ihm sehr oft verwendete Verfahren. Die für das SAC-Projekt entwickelten Skulpturen gehen beispielsweise von der alltäglichsten und populärsten Form des Abdrucks aus: dem gekauten und ausgespuckten Kaugummi. Der Künstler nimmt für jede Plastik einen anderen Kaugummi als Modell, das er in einen grösseren Massstab übersetzt, mit gefundenen Steinen verschiedener Grösse oder mit einem Kristall kombiniert und schliesslich mit Beton abgiesst. Das Abgiessen der Plastik hat eine Vereinheitlichung zur Folge, die den Unterschied zwischen dem modellierten Teil und den hinzugefügten Steinen, zwischen Kunst und Natur zwar verwischt, aber nicht ganz zum Verschwinden bringt.

Diese Ambivalenz prägt auch die Wahrnehmung der Objekte in ihrem jeweiligen Kontext. In gewisser Weise integrieren sie sich mit ihrer betongrauen Farbe nicht schlecht in die von Geröll und Schiefer geprägte Umgebung der Wildstrubelhütte bzw. in die Wiesen rund um die Etzlihütte, welche seit einem Bergsturz mit Steinen verschiedener Grösse übersät sind. Dennoch wirken die Skulpturen an ihren momentanen Aufstellungsorten fremd und in ihrer Fremdheit auch etwas unheimlich. Die spezielle Mischung von Skulptur mit gefundenen Steinen zu einem eindeutig künstlichen, gleichzeitig aber auch naturähnlichen Objekt ist an diesem Effekt nicht unschuldig. Lägen diese Skulpturen im Museum, würden sie vorwiegend kunstimmanente Fragen nach dem Verhältnis von Kopie und Original, Abguss und Imitat aufwerfen. Platziert hier in den Bergen erweitert sich das thematische Spektrum. Es stellen sich Fragen nach dem Verhältnis von Natur und Kultur sowie nach der Geschichte und Entstehung dieser Gegend. Und schliesslich lassen sie uns diese eindrücklichen Berglandschaften auf ganz neue Weise wahrnehmen.

Claudine Metzger

Markus Schwander

untitled, chewed, 26–28

Si Markus Schwander ne porte pas d'eau à la rivière, il amène en revanche des «pierres» artificielles à la montagne. Ces objets de béton sont des moulages de conglomérats hybrides, amalgames de formes modelées à la main et de pierres ou de rochers trouvés. Trois exemplaires de ces sculptures se dressent, comme des blocs erratiques ou des météorites, dans le voisinage immédiat de l'Etzlihütte et de la Wildstrubelhütte.

Le travail du plasticien Markus Schwander se caractérise par l'assemblage de toutes sortes d'objets et de matériaux quotidiens. Les deux procédés qu'il emploie le plus souvent sont le modelage et le moulage. Les sculptures réalisées pour le projet du CAS, par exemple, s'inspirent des empreintes les plus courantes et les plus populaires : celles du chewing-gum mâché et recraché. L'artiste modèle chaque sculpture sur un nouveau chewing-gum, qu'il reproduit à une plus grande échelle, puis combine à des pierres trouvées de toutes les tailles ou à un cristal, et qu'il coule enfin dans le béton. Le moulage confère une certaine uniformité à la sculpture, les disparités entre la partie modelée et les pierres rapportées, entre l'art et la nature s'estompent, mais sans pour autant disparaître.

Cette ambiguïté façonne également la perception que nous avons des objets dans le contexte où ils se trouvent. D'une certaine façon, avec leur couleur gris béton, ils s'intègrent assez bien dans les environs de la Wildstrubelhütte, encombrés d'éboulis et de schiste, ou dans les prés entourant l'Etzlihütte qui, après un glissement de terrain, ont été parsemés de blocs rocheux de toutes tailles. Pourtant, dans ces lieux d'exposition temporaires, les sculptures donnent l'impression d'être étrangères, et cette étrangeté a aussi quelque chose d'inquiétant. Ce mélange particulier de sculpture et de pierres trouvées, qui aboutit à un objet clairement artificiel et pourtant si semblable à la nature, est pour beaucoup dans ce sentiment. Si les sculptures se trouvaient dans un musée, elles soulèveraient surtout la question, immanente à l'art, du rapport entre copie et original, entre moulage et imitation. Installées dans les montagnes, elles ont pour effet d'élargir le champ thématique. Surgissent alors la question du rapport entre nature et culture ainsi que celles de l'histoire et de l'émergence d'un paysage. Enfin, elles transforment et aiguisent le regard que nous adressons à ces impressionnants paysages de montagne.

Claudine Metzger

Ariane Epars

Point de vue

Seite 36 ff. / *page 36 sqq.*

Yves Netzhammer

Windlandschaften

Seite 178 ff. / *page 178 sqq.*

Chamanna d'Es-cha, 2594 m

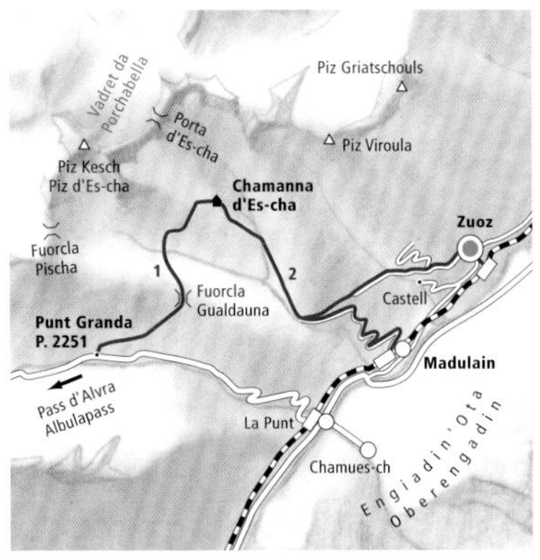

Situation:	Haute Engadine (GR)
Cartes:	1237 Albulapass, 258 Bergün
Propriété:	SAC Bernina
Places:	50
Téléphone:	081 854 17 55
Gardiens:	Ruth et Josias Müller Gardiennage continu de juin à mi-octobre environ, demi-pension possible
Info:	www.sac-bernina.ch

1 difficulté moyenne T2 — 1:30 — ↗ 360 m

De la gare de Madulain, prendre un taxi (Silvio Ramponi, tél. 081 854 39 44/079 620 27 21) en direction du col de l'Albula jusqu'à la bifurcation de Punt Granda (2251 m, 3 km avant le col). Suivre alors le chemin balisé vers la Fuorcla Gualdauna, puis traverser une pente raide pour atteindre une plaine parsemée de nombreux cairns et suivre le bord du vallon vers la cabane.

2 difficulté moyenne T2 — 2:30-3:00 — ↗ 900 m

De la gare de Madulain (1697 m, itinéraire un peu plus raide) ou de Zuoz (1692 m, itinéraire un peu plus long) suivre une route forestière puis d'alpage balisée jusqu'à l'alpage d'Es-cha Dadour. Quitter peu après le fond du vallon et remonter des pentes herbeuses vers la droite en direction de Muot Ot puis de la cabane.

Activités

- Eminence panoramique Muot Ot proche de la cabane: belle vue sur le Piz Bernina et le Biancograt
- Excursion au «village de cairns» près de l'Ova Pischa (T1, A/R 1 h)
- Courte balade à la plaine marécageuse située sous la Porta d'Es-cha (T2, A/R 1½ h)
- Traversée vers Chants sur Bergün par le col de Fuorcla Pischa (T2, 3½-4 h)
- Randonnée alpine au Piz Kesch et à la Keschhütte (excursion de haute montagne, passages de glacier et d'escalade)

Arno **Hassler**

Peter **Fischli** / David **Weiss**

Yves **Netzhammer**

Judith **Albert**

Ariane **Epars**

Lage:	Oberengadin (GR)
Karten:	1237 Albulapass, 258 Bergün
Eigentum:	SAC Bernina
Schlafplätze:	50
Telefon:	081 854 17 55
Hüttenwarte:	Ruth und Josias Müller Von Mitte Juni bis ca. Mitte Oktober durchgehend bewartet, Halbpension erhältlich
Info:	www.sac-bernina.ch

1 mittelschwer T2 1:30 ↗ 360 Hm

Vom Bahnhof Madulain mit Taxi (Silvio Ramponi, Tel. 081 854 39 44/079 620 27 21) Richtung Albulapass bis zum Abzweiger Punt Granda (2251 m, 3 km vor Passhöhe). Nun auf markiertem Weg zur Fuorcla Gualdauna, durch eine steile Flanke zu einer Ebene mit unzähligen Steinmännchen und durch die Talflanke weiter zur Hütte.

2 mittelschwer T2 2:30–3:00 ↗ 900 Hm

Vom Bahnhof Madulain (1697 m, etwas steiler) oder Zuoz (1692 m, etwas länger) auf markierten Alp- und Forststrässchen zur Alp Es-cha Dadour. Bald danach den Talweg verlassen und sich rechts haltend über Weidehänge in regelmässiger Steigung zum Muot Ot und zur Hütte.

Aktivitäten

- Aussichtshügel Muot Ot gleich bei der Hütte, schöner Blick zu Piz Bernina und Biancograt
- Ausflug zum Steinmännchendorf bei der Ova Pischa (T1, hin und zurück 1 Std.)
- Kurze Wanderung zur kargen Seenplatte unter der Porta d'Es-cha (T2, hin und zurück 1½ Std.)
- Überschreitung via Fuorcla Pischa nach Chants ob Bergün (T2, 3½–4 Std.)
- Hochtour zum Piz Kesch und zur Keschhütte (Bergtour, Gletscher und Kletterpassagen)

Le spectacle des géants

Il n'est pas nécessaire de présenter la Haute Engadine, ni de la vanter, tant sont nombreux ceux qui l'ont déjà aimée et chantée. On ne peut qu'évoquer les épithètes si bien attribuées par d'autres à la haute vallée la plus célèbre de Suisse: le paysage si paisible, les reflets infinis des lacs, la clarté presque méditerranéenne du ciel, l'air pur et tonique, l'automne flamboyant des mélèzes.

A ces scènes idylliques s'ajoute le décor des montagnes. Au sud, faisant frontière avec le Puschlav et l'Italie, dominent les sommets couronnés de glace faisant escorte au Piz Bernina, le seul quatre-mille des Grisons. Ses voisins les Piz Palü, Roseg et Morteratsch, aimantent le regard qui tarde à suivre la longue chaîne fermant au nord la Haute Engadine. Parmi le grand nombre atteignant jusqu'à 3300 mètres, un seul se distingue légèrement par la hauteur, avec ses 3418 mètres : il se nomme en allemand Piz Kesch, et en romanche Piz d'Es-cha. Deux langues le désignent, et deux cabanes s'en disputent l'accès : au nord, la Keschhütte que l'on atteint depuis Bergün, et au sud la Chamanna d'Es-cha située au-dessus de Madulain.

Cette dernière a été construite en 1895 par la commune de Zuoz sur un ressaut ensoleillé à 2600 mètres d'altitude. Nommée Raschèr-Hütte du nom d'un bienfaiteur ayant contribué à son financement, elle fut en 1912 remise au CAS qui l'agrandit en 1913 déjà. Mais le développement rapide du tourisme n'allait par tarder à la révéler trop petite. Il n'y eut pourtant jamais d'agrandissement ultérieur ni de rénovation, mais on érigea dans le voisinage immédiat une nouvelle cabane, la Chamanna d'Es-cha. La vieille Raschèr-Hütte subsiste donc à côté comme une sorte de musée. Sa petite sœur Es-cha, bâtie en 1935 et agrandie en 1988, montre des curiosités architecturales : par exemple, un grand séjour pourvu d'un mignon oriel et orné d'un plafond stuqué. On doit ce dernier au travail d'ouvriers italiens œuvrant à la construction, qui occupèrent spontanément leur temps libre à cette décoration.

Le charme propre de la Chamanna d'Es-cha (auquel le talent pâtissier des gardiens n'est pas étranger) complète heureusement la splendeur du site. Faut-il préciser qu'au pied du plus haut sommet du nord de l'Engadine, on se trouve face aux géants de la chaîne fermant l'horizon au sud sous les noms célèbres de Bernina (avec sa blanche arête Biancograt), Piz Palü et autres diamants de la couronne?

Marco Volken

Vis-à-vis den Höchsten

Eine Region wie das Oberengadin braucht man weder vorzustellen noch zu rühmen. Die Zahl jener, die es schon besungen und gepriesen haben, ist Legion. Die sanfte Landschaft, die einmalige Seenplatte, das schon fast südliche Licht, die würzig-klare Luft, der legendär prächtige Lärchenherbst: alles Attribute, die unweigerlich aufkommen, wenn die Rede vom grössten und bekanntesten Hochtal der Schweiz ist.

Und dann wären da noch die Berge. Im Süden, an der Grenze zum Puschlav und zu Italien, sind es eindeutig die stark vergletscherten Gipfel rund um den Piz Bernina, den einzigen Viertausender Graubündens, sowie die Nachbarn Piz Palü, Roseg und Morteratsch, die obenaus schwingen und die grösste Aufmerksamkeit erhalten. Der lange Bergkamm, der das Oberengadin nach Norden abschliesst, kennt hingegen keinen eindeutigen Höhepunkt: Viele weit verstreute Gipfelgruppen erreichen Höhen um 3300 Meter. Ein Berg jedoch schafft es ein bisschen höher als alle anderen, genauer: auf 3418 Meter. Piz Kesch heisst er auf Deutsch, Piz d'Es-cha auf Romanisch. Und so wie er zwei Bezeichnungen hat, hat er zwei Berghütten, die ihn erschliessen: im Norden die von Bergün aus erreichbare Keschhütte, im Süden die Chamanna d'Es-cha oberhalb Madulain.

1895 von der Gemeinde Zuoz auf einem sonnigen Rücken auf 2600 Metern erstellt und 1912 in den Besitz des SAC übergegangen, wurde die Raschèrhütte – benannt nach einem Wohltäter, der den Bau mit einem Legat mitfinanziert hatte – schon 1913 vergrössert. Wie die meisten Berghütten war auch diese mit dem aufkommenden Tourismus bald wieder zu klein. Interessant aus heutiger Sicht ist, dass die Raschèrhütte nicht mehr erweitert oder renoviert wurde, sondern einen völlig eigenständigen Neubau in unmittelbarer Nähe erhielt, die Chamanna d'Es-cha. Und so lässt sich die alte Raschèr aus dem Jahr 1913 immer noch besichtigen – als eine Art Museumshütte. Aber auch die 1934 erbaute (und 1988 erweiterte) Es-cha hat baulich einiges zu bieten: Besonders erwähnenswert ist der schöne Aufenthaltsraum mit einem niedlichen Erker sowie einer für Berghütten untypischen Stuckaturdecke, die von den italienischen Bauarbeitern damals während ihrer Freizeit und aus eigenem Antrieb angefertigt wurde.

Indes vermag die Chamanna d'Escha nicht nur mit inneren Werten zu überzeugen (wozu wir die Köstlichkeiten aus der Backstube der Hüttenwarte zählen), sondern ebenso mit der prächtigen Lage. Oder muss man ausdrücklich erwähnen, dass sich vom Fuss des höchsten Nordgipfels des Engadins ein erstklassiger Blick zu den höchsten Südgipfeln, zum Bernina mit seinem berühmten Biancograt, zum Palü und allen anderen eröffnet?

Marco Volken

Arno Hassler

Geboren 1954 in Donat/*né en 1954 à Donat*
Arno Hassler lebt in Crémines und Zürich/*vit à Crémines et Zurich*

Einzelausstellungen (Auswahl)
Expositions individuelles (sélection)
2005, Grandangolo, Museo Cantonale d'Arte Lugano; 2002, Point de Vue, Helmhaus Zürich (mit M. Biberstein); 2000, Tête dessus – Tête dessous, Les Halles espace d'art contemporain Porrentruy

Gruppenausstellungen (Auswahl)
Expositions collectives (sélection)
2009, Vermessen. Strategien zur Erfassung von Raum, Bündner Kunstmuseum Chur; 2001, Analog – Dialog, Kunstmuseum Solothurn; 2001, Panorama – Die Faszination der Rundsicht, Kunstmuseum Thun; 1998, Gravure, vous avez dit gravure?, Musée jurassien des Arts Moutier

Preise und Stipendien (Auswahl)
Prix et bourses d'études (sélection)
1998 Preis des Wettbewerbs für professionelles Kulturschaffen des Kantons Graubünden; 1992 Stipendium Alice Bailly; 1988 Bündner Förderungspreis

Bibliografie (Auswahl)
Bibliographie (sélection)
Schweizerischer Kunstverein, Esther M. Jungo (Hg.), échanges. Arno Hassler, Basel 2005; Susann Wintsch, «Leuchtfeuer im Jura», in: Kunst-Bulletin, 12/2002; Übergänge. Kunst aus Graubünden 1936–1996, Bündner Kunstmuseum Chur, Chur 1996

www.sikart.ch

Titel/*Titre:*
Es-cha
Jahr/*Année:* 2008–2009
Materialien: 4 C-Prints in 2 verzinkten Eisenrahmen
Matériaux: 4 C-prints, 2 encadrements de fer zingué
Dimensionen/*Dimensions:*
je/*tous* 134 cm × 48 cm

Arno Hassler

Es-cha

Die Betrachtung der vier Fotografien mit dem Titel *Es-cha* von Arno Hassler löst zunächst Irritation aus. Auf der Terrasse der Chamanna d'Es-cha sind zwei Tafeln angebracht, mit Aluminiumumrandung und durch Plexiglas geschützt, wie sie jedem Wanderer bekannt und auf nahezu jedem Aussichtspunkt anzutreffen sind. Anders als bei jenen Orientierungshilfen sind die umliegenden Berggipfel aber weder mit ihrem Namen und der Höhe beschriftet, noch entspricht die fotografierte Landschaft der momentanen Perspektive des Betrachters.

Mit einer selbst konstruierten Kamera, deren herkömmliches Objektiv sich um die eigene Achse dreht und das Bild auf das fest montierte Negativ bannt, erweitert Hassler das Gesichtsfeld der menschlichen Wahrnehmung auf 360 Grad. Nur anhand sich wiederholender Details an den Bildrändern oder markanter Bildmotive, wie ein Lichtreflex oder die kaum noch zu erkennende Chamanna d'Es-cha auf dem Bergrücken, erschliesst sich dem Betrachter das Panorama als solches. So sind die Strommasten, die sich auf allen vier Fotografien in der linken Bildhälfte befinden, nicht nur Zeugnisse menschlicher Eingriffe in die unberührte Berglandschaft, sondern es sind gleichzeitig Fixpunkte inmitten der Rundumsicht, die den Betrachter die minimalen Verschiebungen der Bildmitte erkennen lassen.

Wie bei früheren Werkgruppen bevorzugt Hassler für seine Fotografien einen ebenerdigen oder nur leicht erhöhten Standort. Was bei den Stadtansichten oder Innenraumszenen die Betonung der Räumlichkeit bewirkt, führt bei den Landschaftsaufnahmen zu einer Akzentuierung der Weitläufigkeit wie auch der Horizontlinie. Die Berge werden nicht als ein heroisches, die Landschaft beherrschendes und ein zu bezwingendes Massiv dargestellt, sondern erscheinen nur mehr als kleine Erhebungen in weiter Ferne, womit Hassler dem Motiv die bekannten Stilisierungen der Erhabenheit der Bergwelt entzieht. Am offensichtlichsten wird das bei den Wetterbedingungen, die zum Zeitpunkt der Aufnahmen geherrscht haben: Statt des stahlblauen Himmels und gezuckerter Berggipfel zeigt Hassler grauen Nebel, der schwer im Tal hängt, braunes Gras im Vordergrund und tief verschattete Zonen.

Die zu Beginn festgestellte Irritation wandelt sich in einen Moment der Neuorientierung, sobald der Betrachter sich von der Terrasse entfernt, den originalen Standort des Fotografen findet und sich um die eigene Achse zu drehen beginnt.

Selma Käppeli

Arno Hassler

Es-cha

Au premier regard, les quatre photographies d'Arno Hassler, intitulées *Es-cha,* provoquent l'irritation. Sur la terrasse de la Chamanna d'Es-cha, deux panneaux sont installés, ils sont encadrés d'aluminium et protégés de plexiglas : ils ressemblent à s'y méprendre à ceux que les randonneurs connaissent et rencontrent sur presque tous les points de vue. Mais contrairement aux habituelles tables d'orientation, ils ne donnent ni le nom ni l'altitude des sommets environnants, et le paysage photographié ne correspond en aucune façon à la perspective provisoire de l'observateur.

Hassler élargit à 360 degrés le champ visuel de la perception humaine à l'aide d'une caméra qu'il a lui-même bricolée et dont le banal objectif tourne autour de son axe et transmet les images sur un négatif fixe. Seuls les détails ou les motifs caractéristiques qui se répètent en marge des images, comme un reflet de lumière ou la Chamanna d'Es-cha à peine reconnaissable, permettent à l'observateur de reconstituer le panorama. Ainsi, les pylônes de la ligne électrique, visibles dans la moitié gauche des quatre photographies, ne témoignent pas seulement des atteintes portées par l'homme à l'intégrité du paysage de montagne, ils sont aussi les points fixes dans ce cliché circulaire, qui aident l'observateur à reconnaître les infimes écarts du centre de l'image.

Comme dans ses groupes d'œuvres précédents, Hassler préfère se positionner, pour photographier, au niveau du sol ou légèrement en hauteur. Ce qui, dans les photos de ville ou d'intérieur, accentue l'impression d'espace, a pour effet, dans les photos de paysage, de renforcer l'immensité ainsi que la ligne d'horizon. Les montagnes ne sont pas représentées comme des massifs héroïques, dominant le paysage alentour et qu'il s'agit de vaincre en retour, elles apparaissent comme de petites éminences lointaines : Hassler soustrait ainsi son motif aux traditionnelles idéalisations du monde alpin. Une démarche manifeste lorsqu'on considère les conditions météorologiques qui régnaient lors de la prise de vue : au lieu d'un ciel bleu acier et de cimes saupoudrées de neige, Hassler montre un épais brouillard gris, accroché à la vallée, une herbe brune au premier plan et des zones d'ombre profonde.

Il suffit que l'observateur s'éloigne de la terrasse, retrouve la position originale du photographe et commence à tourner autour de son axe pour que son irritation initiale disparaisse et que s'installe un nouveau sentiment de réorientation.

Selma Käppeli

Peter Fischli / David Weiss

Peter Fischli geboren 1952 in Zürich / *né en 1952 à Zurich*
David Weiss geboren 1946 in Zürich / *né en 1946 à Zurich*

Fischli/Weiss leben in Zürich / *vivent à Zurich*
Zusammenarbeit seit 1979 / *collaboration depuis 1979*

Einzelausstellungen (Auswahl)
Expositions individuelles (sélection)
2006–08, Fragen & Blumen, Deichtorhallen Hamburg, Kunsthaus Zürich, Musée d'Art moderne de la Ville de Paris, Tate Modern London; 2007, Equilibres, Galerie Eva Presenhuber Zürich, Galerie Sprüth Magers München, Matthew Marks Gallery New York

Gruppenausstellungen (Auswahl)
Expositions collectives (sélection)
2008, Ich kann mir nicht jeden Tag ein Ohr abschneiden, Hamburger Bahnhof Berlin; 2003, Ritardi e Rivoluzione, 50. Biennale Venedig; 1997, documenta 10, Kassel; 1987, documenta 8, Kassel

Preise und Stipendien (Auswahl)
Prix et bourses d'études (sélection)
2006 Roswitha-Haftmann-Preis; 2003 Goldener Löwe, 50. Biennale Venedig; 2000 Günther-Peill-Preis

Bibliografie (Auswahl)
Bibliographie (sélection)
Bice Curiger (Hg.), Fragen & Blumen, Kunsthaus Zürich, Zürich 2007; Peter Fischli und David Weiss, Equilibres, Köln 2006; Renate Goldmann, Peter Fischli/David Weiss. Ausflüge, Arbeiten, Ausstellungen, Köln 2006; Robert Fleck (Hg.), Peter Fischli/David Weiss, London: Phaidon 2005

www.presenhuber.com

Titel / *Titre:*
Rund um die Berge

Jahr / *Année:* 2009

Materialien: 89 Bücher
Matériaux: 89 livres

Dimensionen / *Dimensions:*
variabel / *variables*

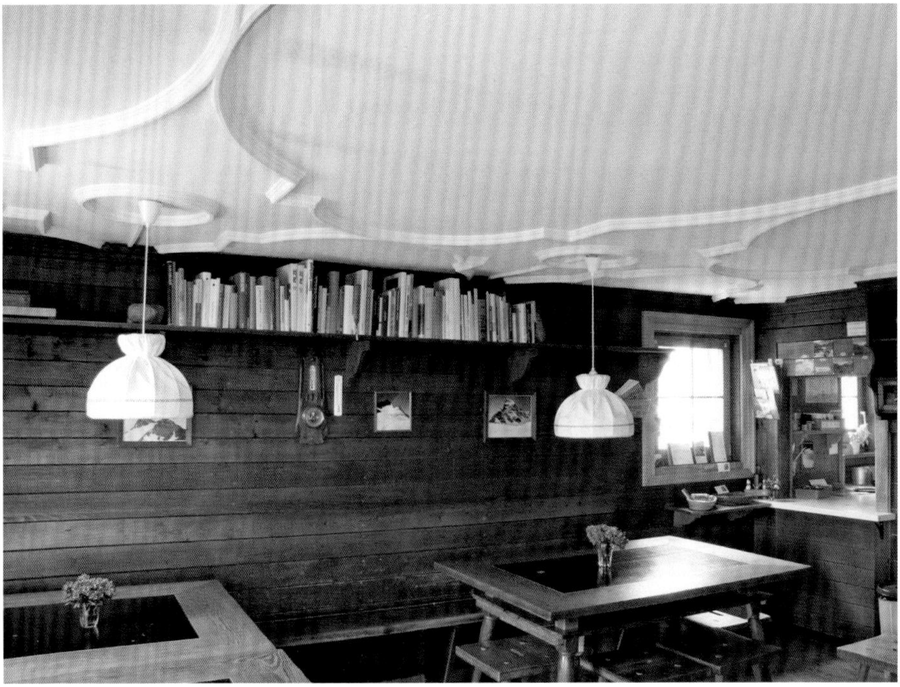

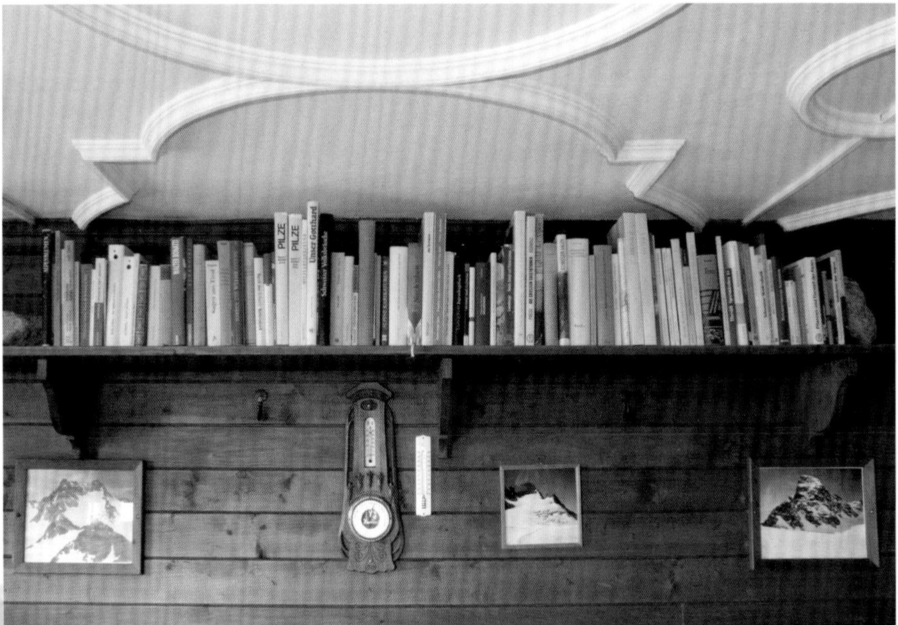
PILZE
PILZE
Unser Gotthard

Peter Fischli / David Weiss

Rund um die Berge

«Rätoromanische Märchen» und «Bündner Sagen», «Mythos Lawine» und «Alpenblumen», «Die Geschichte der schweizerischen Befestigungsanlagen» und «Alpine Alltagskultur zwischen Beharrung und Wandel»: Dieses Spektrum von Buchtiteln lässt sich in einer Büchersammlung finden, die von Peter Fischli und David Weiss speziell für das SAC-Kunstprojekt zusammengestellt wurde und nun in der Chamanna d'Es-cha für alle Besucher zur Verfügung steht. Auf einem bestehenden Regal im Aufenthaltsraum fügen sich die Bücher wie selbstverständlich in die gegebene, funktionale Kleinteiligkeit der Hütte ein.

Die von den beiden Künstlern während Monaten zusammengetragenen Bücher stammen aus Fachbuchhandlungen, Antiquariaten und Brockenstuben. Es gibt alte und schon etwas abgegriffene Bücher, dann aber auch solche, die erst kürzlich publiziert wurden, Belletristik ist genauso vertreten wie wissenschaftliche Publikationen. In ihrer Heterogenität und der Breite ihrer thematischen Ausrichtung machen die gesammelten Bücher deutlich, dass es keine klar definierten Kriterien für die Auswahl gab. Das Verbindende ist vielmehr ein sehr freier, assoziativer Bezug zum alpinen Raum, wobei ein geografischer Schwerpunkt dem Engadin und damit der Region der Chamanna d'Escha gilt.

So zurückhaltend die Intervention auf den ersten Blick auch zu sein scheint: Ihre gedankliche Sprengkraft bezieht diese Arbeit aus der implizit gestellten Frage nach unseren Vorstellungen und Bildern einer idyllischen Bergwelt. Denn die kleine, aus rund 90 Büchern bestehende Bibliothek wird zu einem Modell für die äusserst komplexen Bedingungen der Bergwelt, in der sich die von der Werbe- und Tourismusindustrie geprägten Klischeevorstellungen von der reinen, unberührten Natur als Gegenpol zur urbanen Existenz nicht finden lassen.

Alpine Landschaften sind seit jeher ein vielschichtiges Kulturprodukt – und dazu gehören «Die urgeschichtlichen Kulte und Bräuche im alten Rätien» ebenso wie «Offroader» oder Johanna Spyris «Heidi». In verblüffend einfacher Weise machen Fischli/Weiss deutlich, dass Berglandschaften weder Kulisse noch Projektionsflächen sind. Mit ihrer Bücherauswahl betreiben die Künstler kein Recycling einer Idylle, sondern betonen die Perspektive, die Bergwelt als ein verflochtenes System von kulturellen Leistungen mit entsprechenden Widersprüchen, Überlagerungen und Brüchen zu betrachten. Peter Fischli und David Weiss machen mit ihrer auf einen gedanklichen Prozess vertrauenden Intervention diese Widersprüche nachvollziehbar und lösen gleichzeitig das Dilemma, wie sich Kunst in diesem Kontext überhaupt manifestieren kann.

Andreas Fiedler

Peter Fischli / David Weiss

Rund um die Berge

Rätoromanische *Märchen* (Contes rhéto-romans) et *Bündner Sagen* (Légendes grisonnes), *Mythos Lawine* (Le mythe de l'avalanche) et *Alpenblumen* (Flore alpine), *Die Geschichte der Schweizerischen Befestigungsanlagen* (Histoire des fortifications suisse) et *Alpine Alltagskultur zwischen Beharrung und Wandel* (La culture du quotidien dans les Alpes, entre constance et mutation) : tels sont quelques-uns des titres qui se trouvent dans la bibliothèque que Peter Fischli et David Weiss ont spécialement constituée pour le projet artistique du CAS et qui sont maintenant à la disposition de tous les visiteurs de la Chamanna d'Es-cha. Posés sur l'une des étagères de la salle commune, les livres s'inscrivent tout naturellement dans l'espace fonctionnel et cloisonné de la cabane.

Ecumant les librairies spécialisées, les bouquinistes et les brocantes, les deux artistes ont mis des mois à rassembler ces livres. Il y a de vieux livres déjà défraîchis, mais aussi des livres dont la parution est récente, des ouvrages littéraires comme des publications scientifiques. L'hétérogénéité et l'étendue thématique de cette collection de livres révèlent qu'aucun critère clairement défini n'a prévalu à sa sélection. Ce qui les rapproche, c'est plutôt le lien libre et suggestif qui unit les artistes à l'espace alpin avec, peut-être, un accent géographique sur l'Engadine et donc sur la région de la Chamanna d'Es-cha.

Même si l'intervention semble très modeste au premier abord, sa force conceptuelle est explosive : implicitement, ce travail pose la question des idées et des images d'idylle alpine que nous nous créons. Car cette petite bibliothèque de quelque nonante livres donne une représentation modèle de l'extrême complexité du monde alpin, d'où sont absents les clichés d'une nature pure et intacte à opposer à la vie urbaine, propagés par l'industrie du tourisme et la publicité.

De tout temps, les paysages alpins ont été un produit culturel aux multiples facettes – dont font aussi bien partie les cultes et coutumes préhistoriques de l'ancienne Rhétie *(Die urgeschichtlichen Kulte und Bräuche im alten Rätien)* que les tout-terrains *(Offroader)* ou *Heidi* de Johanna Spyri. Fischli/Weiss ont une façon étonnamment simple de démontrer que les paysages de montagne ne sont ni coulisses ni surfaces de projection. En sélectionnant ces livres, les artistes ne procèdent pas au recyclage d'une idylle, mais imposent leur point de vue : le monde alpin doit être considéré comme un système composite de réalisations culturelles fait de nombreuses contradictions, sédimentations et ruptures. Par cette intervention essentiellement fondée sur un processus de réflexion, Peter Fischli et David Weiss nous font comprendre ces contradictions tout en résolvant le dilemme de la façon dont l'art peut se manifester dans un tel contexte.

Andreas Fiedler

Ski Schweiz
Habegger
Notre corps alpin
Il nostro corpo d'armata alpino
Nies corp alpin
Unser Alpenkorps
Ludwig Hohl Jugendtagebuch
Sagen der Schweiz
GRAUBÜNDEN
RUINA DA PLUR · TRADITUR · DIARI
Leuenberger · Rauch, Dampf und Pulverschnee
PAUSE
DIE GROSSEN SKISTATIONEN
SCHWEIZ
Flugbild der Alpen
SCHWEIZER SAGEN
Mythologische Landeskunde von Graubünden
Band 2
Alpine Alltagskultur zwischen Beharrung und Wandel
Haupt
HEIDI II
HEIDI I
Das große MINERALIENBUCH

WALTER BONATTI
SEGANTINI
Die verzauberten Täler
Zingerle
Sagen aus Tirol
Wie die Schweizer Alpen erobert wurden
HARRER · DIE WEISSE SPINNE
Durch den Schweiz. Nationalpark
PILZE
Band 1 Blätter-pilze
PILZE
Band 2 Blätter-lose Pilze
MILITÄRFAHRZEUGE
MOEWIG
Unser Gotthard
Schweizer Volksbräuche
Mythen der Alpen
Hans Haid
Glarner Sagen
RICHTIGES BERGSTEIGEN
ALPINE KARIKATUREN

Accord. Raquint
Oscar Peer, Lavin: Chasa Paterna, 1978
Alpenblumen. Kolorierte Holzschnitte und Text von Josef Weisz, Botanische Erläuterungen von Friedrich Markgraf
Joseph Weisz, Königstein: Karl Robert Langwiesche Verlag, 1954
Alpensagen und Sennengeschichten aus der Schweiz, neu mitgeteilt
Curt Englert-Faye, Zürich: Atlantis Verlag, 1941
Alpine Alltagskultur zwischen Beharrung und Wandel. Ausgewählte Arbeiten aus den Jahren 1956 bis 1991
Arnold Niederer/Klaus Anderegg/Werner Bätzing, Bern/Stuttgart/Wien: Paul Haupt, 1993
Alpine Karikaturen
Helmuth Zebhauser, München: Bruckmann, 1988
Alte Masken aus der Innerschweiz. Fastnachtsmasken aus der Sammlung des Rietbergmuseums Zürich
Judith Rickenbach, Zürich: Museum Rietberg, 1996
Alte Masken aus dem Lötschental. Fastnachtsmasken aus der Sammlung des Rietbergmuseums Zürich
Judith Rickenbach, Zürich: Museum Rietberg, 1999
Alte Masken aus der Ostschweiz. Fastnachtsmasken aus der Sammlung des Rietbergmuseums Zürich
Judith Rickenbach, Zürich: Museum Rietberg, 2000
Autofahren und wandern. Das 3. Autowanderbüchlein der NZZ mit 25 Wandervorschlägen
Jakob Ess, Zürich: Buchverlag NZZ, 1966
Bauern und Bären. Eine Geschichte des Unterengadins von 1650 bis 1800
Jon Mathieu, Chur: Octopus, 1994
Beiträge zur Geschichte des Oberengadins im Mittelalter und zu Beginn der Neuzeit
Annemarie Schwarzenbach, Zürich: Gebr. Leemann, 1931
Berge, eine unverständliche Leidenschaft. Buch zur Ausstellung des Alpenverein-Museums in der Hofburg Innsbruck
Philipp Felsch/Beat Gugger/Gabriele Rath, Wien: Folio, 2007
Berge meines Lebens
Walter Bonatti, Zürich: AS Verlag, 1994
Bergfahrt
Ludwig Hohl, Frankfurt a.M.: Suhrkamp, 1978
Beschreibung der Alpen, vorzüglich der höchsten (1823). Edition und Einleitung von Ursula Scholian Izeti
Placidus Spescha, Zürich: Chronos, (1823) 2002
Bestimmungsbuch Pflanzen- und Tierwelt der Alpen
Thomas Schauer/Claus Caspari, München: BLV, 1975
Bildhauer der Berge. Ein Bericht über alpine Gebirgsmodelle der Schweiz
Eduard Imhof, Bern: SAC Verlag, 1981
Blumen auf Europas Zinnen. Wort und Bild - In majorem Gloriam Montium et Hortorum - Sechzig Naturaufnahmen von Albert Steiner
Karl Foerster, Zürich/Leipzig: Rotapfel Verlag, 1937
Bündner Sagen
Arnold Büchli, Aarau: Sauerländer, 1976
Caspar Wolf. Ein Panorama der Schweizer Alpen
Beat Wismer/Caspar Wolf/Stephan Kunz, Baden: AT Verlag, 2001
Curs da Rumantsch
J.C. Arquint, Chur: Leia Rumàntscha, 1958
Das Alpenwesen Graubündens. Wirtschaft, Sachkultur, Recht, Älplerarbeit und Älplerleben
Richard Weiss, Chur: Octopus Verlag, (1941) 1992
Das grosse Mineralienbuch
J. Ladurner/F. Purtscheller, Innsbruck: Pinguin, 1970
Das Hochtal Avers, Graubünden. Die höchstgelegene Gemeinde Europas
Johann Rudolf Stoffel, Zofingen: Zofinger Tagblatt, (1938) 1948
Der Himmel schon südlich, die Luft aber frisch. Schriftsteller, Maler, Musiker und ihre Zeit in Graubünden 1800-1950
Kurt Wanner, Chur: Desertina, (1993) 2006
Der Kampf um den Everest
George Ingle Finch, Leipzig: Brockhaus, 1925
Der Rehwildabschuss. Eine Anleitung für Planung und Durchführung wie das richtige Ansprechen. Mit den bebilderten Abschussrichtlinien des Landes Nordrhein-Westfalen
Erhard Ueckermann, Hamburg/Berlin: Verlag Paul Parey, 1988
Deutsche Autos seit 1945. Band 7 Offroader und SUV
Eberhard Kittler/Thomas Rönnberg, Stuttgart: Motorbuchverlag, 2005
Die Geschichte der Schweizerischen Landesbefestigung
Hans Rudolf Fuhrer/Max Mittler, Zürich: Orell Füssli, 1992
Die Gotthardbahn
Franz Marti/Walter Trüb, Zürich: Orell Füssli, 1971
Die grossen Skistationen der Alpen
Walter Pause, München: Bayrischer Landwirtschaftsverlag, 1967
Die Jagd in der Schweiz. Band 1
Gottfried Schmid, Genf/Winterthur: Verlag René Kister/Gottfried Schmid, 1951
Die Leidenschaft des Jägers
Paul Parin, Hamburg: Europäische Verlagsanstalt, 2003
Die Mineralien der Schweiz
Max Weibel, Basel: Birkhäuser, (1966) 1969
Die verzauberten Täler. Die urgeschichtlichen Kulte und Bräuche im alten Rätien
Christian Caminada, Chur: Desertina, (1961) 2006
Die Weisse Spinne. Die Geschichte der Eiger-Nordwand
Heinrich Harrer, Berlin: Ullstein, 1959
Durch den Schweiz. Nationalpark
Herausgegeben von der Kommission für die wissenschaftliche Erforschung des Nationalparkes, Basel: Verlag Schweizerischer Bund für Naturschutz, 1966
Entdeckung einer Landschaft. Reisende, Schriftsteller, Künstler und ihre Alpen
Claude Reichler, Zürich: Rotpunktverlag, 2005
Eva. Raquint
Oscar Peer, Lavin: Chasa Paterna, 1980
Flora der Schweiz. 1. Teil Exkursionsflora
Hans Schinz/Robert Keller, Zürich: Verlag Albert Raustein, (1900) 1923
Flugbild der Alpen. Von der Côte d'Azur zum Wienerwald. 92 Aufnahmen der Swissair
Hans Annaheim/Paul Eggenberg/ Walther Flaig, et al., Zürich: Exemplar Libris, 1959

Gammler, Zen und Hohe Berge
Jack Kerouac, Reinbek: Rowohlt, (1971) 2005
Gebrüder Wehrli. Pioniere der Alpin-Fotografie
Paul Hugger, Zürich: Limmat Verlag, 2005
Gefahren der Alpen. Überleben im Gebirge
Wilhelm Paulcke/Helmut Dumler, München: Rother, 1971
Glarner Sagen
Kaspar Freuler/Hans Thürer, Glarus: Baeschlin, 2001
Heidi I. Lehr- und Wanderjahre
Johanna Spyri, Zürich: Silva Verlag, 1944
Heidi II. Heidi kann brauchen, was es gelernt hat
Johanna Spyri, Zürich: Silva Verlag, 1946
Hoch hinaus. Zeitgenössische Positionen zum Thema Berg
Madeleine Schuppli/Schweizer Alpen-Club, Thun: Kunstmuseum, 2005
«Ich möcht dir meine Heimat einmal zeigen». Biographisches zu Johanna Spyri, Autorin des «Heidi» und ihren Hirzler Vorfahren
Jürg Winkler, Hirzel: Verlag Jürg Winkler, 1982
Ihr Berge. Stimmungsbilder aus einem Bergsteiger-Tagebuch
Hans Morgenthaler, Zürich: Verlag Akademischer Alpen-Club Zürich, 1996
Jugendtagebuch. «Diese Nacht schlief ich sehr lange, und diesen Tag ass ich sehr viel»
Ludwig Hohl, Frankfurt a.M.: Suhrkamp Verlag, 1998
Karte und Kompass
Karl Thöne, Bern: Hallwag, (1944) 1977
La Ruina da Plür/Il traditur da la patria/Paginas dal Diari
Andri Peer, Samedan: Uniun dals Grischs, 1982
Märchen aus dem Engadin
Sina Semadeni-Bezzola, Zürich: Classen, 2008
Militärfahrzeuge. Panzer, Lastwagen, Motorräder seit der Jahrhundertwende
Franco Mazza, Rastatt: Moewig, 1992
Mythen der Alpen. Von Saligen, Weißen Frauen und Heiligen Bergen
Hans Haid, Wien/Köln/Weimar: Böhlau, 2006
Mythologische Landeskunde von Graubünden. Ein Bergvolk erzählt: Die Täler am Vorderrhein, Band 2
Arnold Büchli, Chur: Desertina, 1992
Mythos Lawine. Eine Kulturgeschichte
Hans Haid, Innsbruck/Wien/Bozen: Studienverlag, 2007
Nach oben. Die ersten Eroberungen der Alpengipfel
Fergus Fleming, Hamburg: Rogner & Bernhard, 2002
Naturhistorische Alpenreise 1830
Franz Josef Hugi, Solothurn: Rothus Verlag, 1995
Pilze. Band 1 Blätterpilze
Jakob Schlittler, Zürich: Silva Verlag, 1972
Pilze. Band 2 Blätterlose Pilze
Jakob Schlittler, Zürich: Silva Verlag, 1972
Pilze. Band 1 mit 64 farbige Tafeln von Paul Roberts jun. und 47 Federzeichnungen von Dr. E. Jaccottet
J. Jaccottet, Bern: Kümmerly+Frey, 1957
Rätische Alpensagen
Georg Luck, Chur: Bischofberger, 1990
Rätoromanische Märchen
Leza Uffer, Düsseldorf/Köln: Eugen Diedrichs Verlag, 1973
Rauch, Dampf und Pulverschnee. Die Dampf-Schneeschleudern der Schweizer Bahnen
Alfred Leuenberger, Zürich: Orell Füssli, 1967
Richtiges Bergsteigen – In Fels und Eis
Otto Eidenschink, München: Bruckmann, (1959) 1963
Sagen aus Tirol
Ignaz Vinzenz Zingerle, Graz: Verlag für Sammler, 1976
Sagen der Schweiz: Graubünden
Peter Keckeis, Zürich: Limmat Verlag, (1986) 1995
Schilderungen aus dem Leben der Ameisen. Neue Beobachtungen
Robert Stäger, Luzern: Verlag Josef Stocker, 1944
Schweizer Sagen
Arnold Büchli, Aarau: Sauerländer, 1971
Schweizer Skiakrobatik
Hans Ettlin, Derendingen/Solothurn: Habegger, 1979
Schweizer Volksbräuche
Erich Schwabe, Zürich: Silva Verlag, 1969
Segantini. Ein Leben in Bildern
Reto Bonifazi, Zürich: Werd Verlag, 1999
Sgrafits. Rätoromanische Gedichte. Mit deutscher Übertragung von Urs Oberlin
Andri Peer, Zürich/Stuttgart: Rascher, 1959
Sicherheit und Risiko in Fels und Eis. Erlebnisse und Ergebnisse aus der Sicherheitsforschung des Deutschen Alpenvereins
Pit Schubert, München: Bergverlag Rudolf Rother, 1995
Skibergsteigen heute. Sicher abseits der Piste
Walter Kellermann, München: Bruckmann, (1975) 1980
Skifahren. Einführung in die moderne Skitechnik
Rolf Hefti, Bern: Hallwag, (1978) 1981
Ski-Lehrplan. Band 1 Ski alpin
Erhard Gattermann/Norbert Barthle/Ulrich Göhner, et al., München: BLV, 1995
Ski Schweiz. Illustriertes Lehrbuch im Detail
Schweizerischer Interverband für Skilauf, Derendingen: Habegger, 1985
Snowboarding. Ausrüstung, Technik, Fahrpraxis
Andreas Hebbel-Seeger, München: Falken, 1997
Sportmärchen und andere Prosa und Verse
Ödön von Horváth, Frankfurt a.M.: Suhrkamp, 1988
Unimog. Einer Legende auf der Spur
Detlef Vetten/Peter Ginter, Stuttgart: Mercedes-Benz AG, 1992
Unser Alpenkorps/Notre corps alpin/Il nostro corpo d'armata alpino/Nies corp alpin
Urs Andermatt/Gebirgsarmeekorps 3, Zug: Kalt-Zehnder-Druck, 1983
Unser Gotthard
Karl Lüönd/Karl Iten, Zürich: Ringier, 1980
Wetterkunde. Einführung in die Meteorologie
Martin Frick, Bern/Stuttgart: Hallwag, (1975) 1977
Wie der Berg zu seinem Namen kam. Kleines Rätisches Namenbuch mit zweieinhalbtausend geographischen Namen Graubündens
Andrea Schorta, Chur: Terra Grischuna Verlag, (1991) 1999
Wie die Schweizer Alpen erobert wurden
Max Senger, Zürich: Büchergilde Gutenberg, 1945
Wir durchbohren den Gotthard
Felix Moeschlin, Zürich: Buchclub Ex Libris, 1965

Yves Netzhammer

Geboren 1970 in Schaffhausen / *né en 1970 à Schaffhouse*
Yves Netzhammer lebt in Zürich / *vit à Zurich*

Einzelausstellungen (Auswahl)
Expositions individuelles (sélection)
2009, Inventories of Abstraction, Palazzo Strozzi Florenz; 2008, Room for Thought, San Francisco Museum of Modern Art; 2007, 52. Biennale Venedig, Schweizer Pavillon; 2003, Die überraschende Verschiebung der Sollbruchstelle eines in optimalen Verhältnissen aufgewachsenen Astes, Helmhaus Zürich, Württembergischer Kunstverein Stuttgart

Gruppenausstellungen (Auswahl)
Expositions collectives (sélection)
2009, Time Square, Galerie Beaumont-public Luxemburg; 2008, Synthetic Times, National Art Museum of China Peking; 2007, Swiss Made, Kunstmuseum Wolfsburg

Preise und Stipendien (Auswahl)
Prix et bourses d'études (sélection)
1998, 2001, 2004 Auszeichnung «Schönste Bücher der Schweiz»; 2000, 2002, 2004 Swiss Art Award; 2005 Atelierstipendium Landis & Gyr; 2001 Atelierstipendium der Stadt Zürich für New York

Bibliografie (Auswahl)
Bibliographie (sélection)
Wulf Herzogenrath et al., Yves Netzhammer, Ostfildern 2008; Flüchtiger Horizont, Kunstmuseum Solothurn, Nürnberg 2006; Helmhaus Zürich, Württembergischer Kunstverein Stuttgart, Nürnberg 2003

www.netzhammer.com

Titel / *Titre:*
Windlandschaften

Jahr / *Année:* 2009

Materialien: Polyestergewebe bedruckt, Konfektionsmaterial
Matériaux: tissu polyester imprimé, matériel de montage

Dimensionen / *Dimensions:*
5 Fahnen, je 90 cm × 250 cm
5 drapeaux, tous 90 cm × 250 cm

Yves Netzhammer

Windlandschaften

Sie sind allen bekannt, jene gelben, pfeilförmigen Wegweisertafeln, die über Wanderziele und entsprechende Marschzeiten informieren. Im unübersichtlichen Gelände und an Verzweigungen erleichtern sie die Orientierung und führen die Wanderer sicher ans Ziel – beispielsweise zu einer SAC-Hütte, die mit ihrer Schweizer Fahne meistens schon von Weitem zu erkennen ist. Gelbe Wegweiser und eine wehende Flagge vor blauem Himmel gehören in der Vorstellung wohl zu jeder Hüttenwanderung.

Während Wegweiser an ihren Metallstangen fest im Boden verankert sind und zuverlässig und verbindlich die Richtung anzeigen, sind Fahnen den unbeständigen Kräften und Launen des Windes ausgeliefert. An diesem Punkt setzt Yves Netzhammer mit der Intervention *Windlandschaften* an: Seine für das SAC-Kunstprojekt entwickelten Fahnen lehnen sich in Form, Proportion, Typografie und Farbe an die vertrauten Wegweisertafeln an, selbst die weiss-rot-weissen Spitzen hat der Künstler übernommen. Aber seine zu Fahnen gewordenen Wegweiser zeigen nicht konstant in die gleiche Richtung. Je nach Windverhältnissen verweigern oder wechseln sie ihre Ausrichtung. Dadurch führt Yves Netzhammer eine unabdingbare Prämisse der gewohnten Wegweisertafeln ad absurdum.

Die auf die beteiligten fünf Hütten verteilten Fahnen sind mit folgenden vom Künstler gewählten Begriffen beschriftet: «Vergangenheit» – «Sprachfetzen» –«Hautpartikel» – «Bakterien» – «Wolkenfriedhof». Diese Wörter, die für die einzelnen Hütten entsprechend ihrer Sprachregion übersetzt wurden, erschliessen kein unwegsames Gelände. Vielmehr etablieren sie eine andere als die herkömmliche Geografie und öffnen ein weites Feld von spezifischen Welten. So wird die Dimension der Zeit genauso ins Spiel gebracht wie die akustische Welt, der menschliche Körper genauso wie mikroskopisch kleine Lebensformen.

Vor jeder Hütte flattert eine Fahne, die unterschiedlichste Assoziationsketten auszulösen vermag: Auf der Terrasse der Capanna Basòdino beispielsweise befällt einen ein eigenartiges Gefühl, wenn der Blick dem wehenden Wegweiser «Bakterien» folgt. Die Fahne vor der Etzlihütte weist bei kräftigem Wind auf einen «Wolkenfriedhof» – doch wo befindet sich dieser magische Ort zwischen den Felsen genau? Und wo liegt die Zukunft, wenn die Richtung der «Vergangenheit» am Masten vor der Chamanna d'Es-cha ständig wechselt? Gewohnte Orientierungssysteme geraten so aus den Fugen. Yves Netzhammers Fahnen werden zu Wegweisern für die Imagination und somit zu einer von keinen Bergen und Horizontlinien begrenzten Welt.

Andreas Fiedler

Yves Netzhammer

Windlandschaften

Tout le monde les connaît, ces poteaux indicateurs jaunes, en forme de flèches, censés nous informer sur les buts de randonnée et le temps de marche qu'il faut pour les atteindre. Ils facilitent l'orientation lorsque la visibilité est réduite ou lorsqu'on se trouve à un carrefour, et ils conduisent sûrement le randonneur vers sa destination – par exemple, la cabane du CAS, reconnaissable de loin à son drapeau suisse. Difficile d'imaginer une visite à ces cabanes sans ces poteaux jaunes et sans ce drapeau flottant au vent sur fond de ciel bleu.

Si les panneaux indicateurs, fixés à leur poteau de métal et fermement ancrés dans le sol, indiquent la direction, consciencieusement et infailliblement, les drapeaux sont en revanche livrés aux caprices et aux humeurs du vent. C'est à ce point qu'Yves Netzhammer situe son intervention, *Windlandschaften*: les drapeaux qu'il a réalisés pour le projet artistique du CAS rappellent dans leur forme, leurs proportions, leur typographie et leur couleur ces panneaux qui nous sont si familiers, l'artiste a même repris la pointe blanche, rouge et blanche. Mais ses panneaux, devenus drapeaux, sont inconstants et n'indiquent pas toujours la même direction. En fonction des conditions de vent, ils refusent d'indiquer une direction ou même en changent. Yves Netzhammer montre ainsi l'absurdité de l'un des postulats nécessaires à nos panneaux indicateurs familiers.

Les drapeaux sont placés près des cinq cabanes et portent des inscriptions imaginées par l'artiste: «Vergangenheit» (passé) – «Sprachfetzen» (éclats de voix) – «Hautpartikel» (dermotropes) – «Bakterien» (bactéries) – «Wolkenfriedhof» (cimetière de nuages). Ces mots, transposés dans la langue de la région où se trouvent les cabanes, ne balisent pas le chemin d'un terrain impraticable. Ils établissent bien plutôt une autre géographie que la géographie traditionnelle et ouvrent un vaste univers de mondes spécifiques, évoquant la dimension du temps, l'acoustique, le corps humain et même les formes de vie microscopiques.

Devant chaque cabane, un drapeau flotte au vent, qui suscite de nombreuses associations d'idées: à sur la terrasse de la Capanna Basòdino, par exemple, on ne peut s'empêcher d'éprouver un sentiment de malaise lorsque le regard se porte dans la direction indiquée par le panneau «bactéries». Le drapeau situé devant l'Etzlihütte indique, par grand vent, la direction d'un «cimetière de nuages» – mais où, dans l'amas rocheux, se trouve donc ce lieu magique? Et où se trouve le futur, si le drapeau portant l'inscription «passé», au mât de la Chamanna d'Es-cha, ne cesse de changer de direction? Les systèmes d'orientation que nous connaissons se décomposent. Les drapeaux d'Yves Netzhammer se transforment ainsi en panneaux indicateurs pour l'imagination et donc, pour un monde que ne limitent ni les montagnes ni l'horizon.

Andreas Fiedler

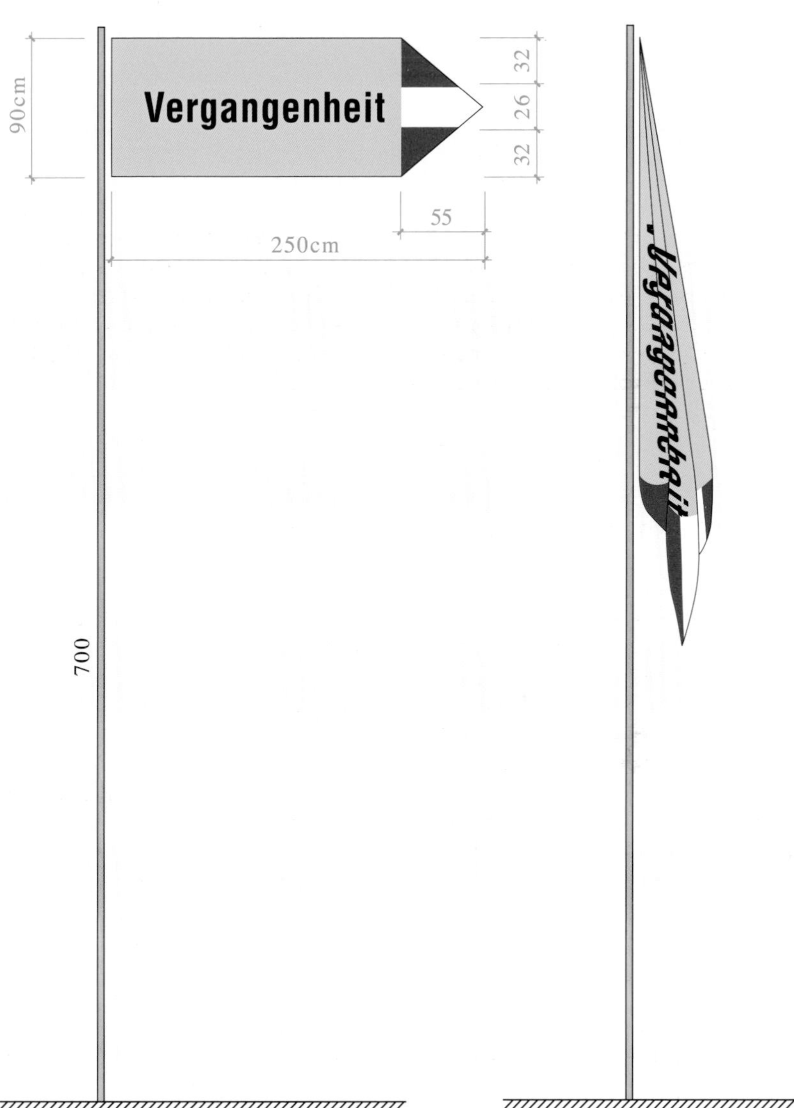
90cm
Vergangenheit
32
26
32
55
250cm
700
Vergangenheit

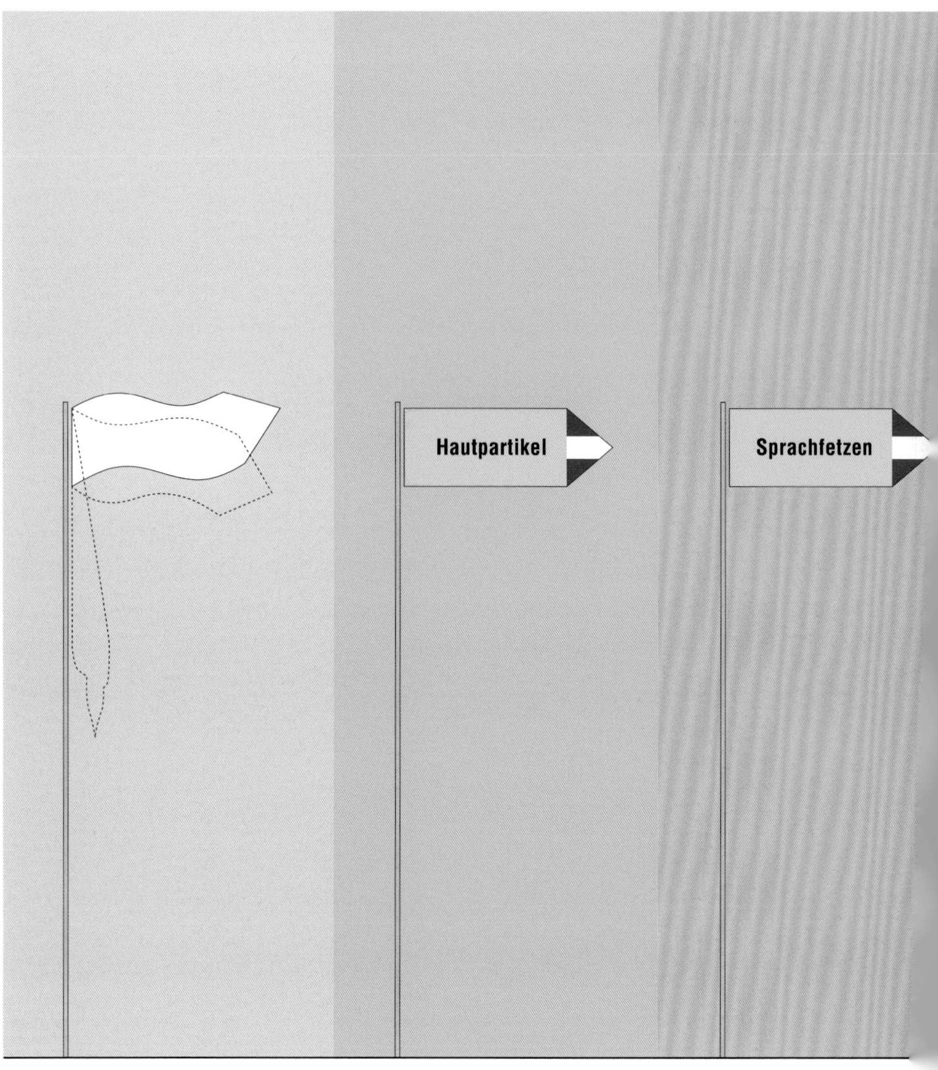

Cabane du Mont Fort

Wildstrubelhütte

Capanna Basòdino

Etzlihütte

Chamanna d'Es-cha

Judith Albert

San Carlo di Monte Grande

Seite 130 ff. / *page 130 sqq.*

Ariane Epars

Point de vue

Seite 36 ff. / *page 36 sqq.*

Bildnachweis
Crédit photographie

Matt Gehri 10–11

Andreas Fiedler, Matt Gehri,
Bob Gramsma, Selma Käppeli,
Markus Lehmann, Hansueli Trachsel,
Marco Volken 14–29

Cabane du Mont Fort

Matt Gehri 31–33

Hansueli Trachsel 37–51, 60–61

Ariane Epars 41

Peter Regli 53–59

Wildstrubelhütte

Matt Gehri 63–65

Markus Lehmann 69–73, 77–81, 84–89

George Steinmann 74–75

Monica Studer/Christoph van den Berg 82–83

Capanna Basòdino

Matt Gehri 91–93

Marco Volken 97–123

Etzlihütte

Matt Gehri 125–127

Marco Volken 131–135, 139, 144–155

Judith Albert 136–137

Lutz & Guggisberg 140–143

Chamanna d'Es-cha

Matt Gehri 157–167, 171–180, 186–187

Arno Hassler 168–169

Yves Netzhammer 183–185

Karten/Cartes

Guido Köhler, Marco Volken 30, 62, 90, 124, 156

Die 24. SAC-Kunstausstellung konnte realisiert werden dank grosszügiger Unterstützung von:

La 24e exposition d'art du CAS a pu être réalisée grâce au soutien généreux de:

kulturelles.bl
Kanton Basel-Landschaft
Bildungs-, Kultur- und Sportdirektion

Kanton Uri

Kanton Wallis

Ernst und Olga Gubler-Hablützel Stiftung

Dätwyler Stiftung

Gebrüder Bissig Holzbau, Altdorf

SAC Sektion Bernina

Giorgio Gendotti, Airolo

Kunstbetrieb Münchenstein

Remerciements

Dans l'art, il y a la beauté, mais il y a aussi beaucoup de travail.
KARL VALENTIN

Il faudrait ici un espace plus vaste que celui qui nous est concédé pour décrire les succès et les joies, mais aussi les peines et les soucis de tous ceux qui ont œuvré à la conception et à la mise en place de la 24e exposition d'art du CAS 2009.

C'est pourquoi nous nous limiterons à exprimer notre fierté et notre reconnaissance d'avoir vu ce projet aussi ambitieux qu'exceptionnel prendre corps, au cours d'une phase de réalisation qui a demandé près de deux ans.

La réflexion artistique centrée sur le thème de la montagne représentait un grand défi pour les créateurs engagés sur les cinq sites de l'exposition : il s'agissait de réaliser une mise en scène propre à frapper les esprits. Si l'on est parvenu à présenter les œuvres d'une palette très attrayante d'artistes suisses, c'est en premier lieu au commissaire de l'exposition Andreas Fiedler que le mérite en échoit. Il s'est entendu à relier d'une manière intuitive et sensible les pôles d'attraction de l'art et du CAS. Notre reconnaissance va aussi à la Société Suisse des Beaux-Arts ainsi qu'aux gardien(ne)es des cabanes et aux sections propriétaires de celles-ci. Leur bon esprit de collaboration doit être souligné. Nous remercions aussi chaleureusement les nombreuses institutions et entreprises qui ont apporté leur soutien à la 24e exposition d'art du CAS, ainsi que le comité d'exposition, sous la direction de Werner Schildknecht, pour son travail enthousiaste.

Frank-Urs Müller PRÉSIDENT CENTRAL DU CAS
Catherine Borel VICE-PRÉSIDENTE DU CAS

Dank

Kunst ist schön. Macht aber viel Arbeit.
KARL VALENTIN

Es bedingte einiger Zeilen mehr, um an dieser Stelle die Erfolge und Freuden, aber auch die Mühen und Sorgen aller Beteiligten an und mit der 24. SAC Kunstausstellung 2009 zu beschreiben.

Wir beschränken uns darum darauf, unseren Stolz auszudrücken, der dieses ebenso ambitionierte wie aussergewöhnliche Projekt in der fast zweijährigen Realisationsphase ausgelöst hat, und Dank auszusprechen.

Die künstlerische Auseinandersetzung mit dem Thema Berge an fünf Standorten wirkungsvoll in Szene zu setzen, war für alle Beteiligten eine grosse Herausforderung. Dass es gelungen ist, eine äusserst attraktive Auswahl an Schweizer Kunstschaffenden präsentieren zu können, ist in erster Linie dem Kurator der Ausstellung, Andreas Fiedler, zu verdanken; er hat es verstanden, auf einfühlsame Art und Weise die beiden Pole Kunst und SAC zu verbinden. Gedankt sei auch dem Schweizer Kunstverein und den beteiligten Hüttenwartinnen und -warten sowie ihren Sektionen für die gute Zusammenarbeit. Grosser Dank gebührt auch den zahlreichen Institutionen und Firmen, dank deren Unterstützung die 24. SAC Kunstausstellung erfolgreich durchgeführt werden kann. Und schliesslich sei auch die grosse Arbeit des Ausstellungskomitees unter der Leitung von Werner Schildknecht verdankt.

Frank-Urs Müller ZENTRALPRÄSIDENT SAC
Catherine Borel VIZEPRÄSIDENTIN SAC

24. SAC-Kunstausstellung: **Wanderziel Kunst: Ein- und Aussichten** Ende Juni bis Mitte Oktober 2009
*24e Exposition d'art du CAS: **But de randonnée: vue imprenable sur l'art** fin juin jusqu'à mi-octobre 2009*

Kurator/*Commissaire d'exposition:* Andreas Fiedler
Assistenz/*Assistante:* Selma Käppeli

Publikation / *Publication*

Herausgeber/*Editeur:* Andreas Fiedler, Bern
Schweizer Alpen-Club SAC

Konzept Katalog und Redaktion: Andreas Fiedler
Conception du catalogue et rédaction:
Texte/*Textes:* Andreas Fiedler, Selma Käppeli, Claudine Metzger, Marco Volken
Übersetzungen/*Traductions:* Marielle Larré, Antoine Reist

Gestaltung/*Police:* Markus Lehmann, Peter Sennhauser
Stämpfli Publikationen AG, Bern
Schrift/*Caractère:* Egyptienne F, Frutiger
Papier/*Papier:* Vorsatz Weiss Offset matt 150 g/m², holzfrei
Inhalt Weiss halbmatt gestrichen 150 g/m², holzfrei
Bilddatenherstellung/*Lithos:* Stämpfli Publikationen AG, Bern
Druck/*Impression:* Stämpfli Publikationen AG, Bern
Buchbinderei/*Reliure:* Schumacher AG, Schmitten

ISBN 978-3-85902-296-6

Printed in Switzerland